マドンナ古文単語230

荻野文子 著

れんしゅう帖

Gakken

はじめに

暗記と実戦は明確に分けて訓練する！

単語の訳を知りたいだけなら、どの単語集を使っても、どの辞書を使っても、大差はありません。単語量の多少はあれ、訳が違うということはありえないからです。受験生にとって大事なのは次の2点。〝訳が覚えやすい〟ことと、〝自分で訳せるようになる〟ことです。

私は、〝覚える〟ための暗記本として『マドンナ古文単語230』（以下『古文単語』）を、〝自分で訳す〟ための練習本として本書『マドンナ古文単語230　れんしゅう帖《ちょう》』（以下『れんしゅう帖』）を作りました。2冊に分冊したのにはワケがあります。一つの単語の説明の直後にその単語のドリル練習をしたのでは、答えを教えたも同然——こういう〈単語列挙型〉の一冊だけでは、理解の助けにはなっても、実戦訓練にはなりません。逆に、長い文章で多くの単語に当たらせる方法もありますが、文章中の用例は実感できても、場当たり的でなかなか暗記できない——こういう〈読本型〉の一冊だけでは、頭の中に単語が整理されないままで終わってしまいます。

2冊をくり返して秒単位で訳出!!

〝暗記〟と〝実戦〟は最終的には統合されますが、学習の入口では明確に分けて訓練すべきです。『古文単語』で全語をひたすら暗記してから、『れんしゅう帖』で知識を取り出す訓練をする。あるいは、『れんしゅう帖』で数多くの単語の実例に触れたあと、『古文単語』の整理された形で改めて暗記する。どちらから始めてもかまいませんが、〝暗記〟と〝実戦〟のどちらに自分がいま集中しているのかをはっきりと意識して勉強しましょう。

この2冊を交互に何度もくり返すのが最も理想的です。反復するうちに、訳を頭から取り出すスピードが速くなります。入試は時間との闘い。長い文章の中にある多くの重要単語を、一語につき秒単位で訳せるようになるまでがんばりましょう。

２３０語を網羅！ 頻出語・多義語は長文で、難関語は短文で…

本書には、『マドンナ古文単語２３０』に取り上げた２３０語のすべてが、最低一度は文章中に出てくるように編集してあります。本書の前半は長文型（第１章〜第６章）、後半は和歌（第７章）と短文型（第８章）になっています。長文には、自然と頻出語が何度も出てきます。くり返し同じ単語に触れることで、暗記が定着します。また、複数の訳を持つ多義語も、前後の文脈を判断して初めて訳が決まるのですから、長文で訓練しないと意味がありません。だから、長文型には、多くの頻出語・多義語が入っています。一方、訳が一つしかないような単純な単語や、難関大学がたまに問うような単語は、記憶に残りやすいように短文型に集中させました。もちろん、古典の原文はいじれませんから、すべての単語をこの基準に従って配置できるわけではありませんが、極力この基準に合うような文章を厳選して編集しています。

幅広いジャンルの有名出典で、入試問題にも強くなる!!

取り上げた文章は、いろいろなジャンルの、入試によく出る出典・入試によく出る場面です。総合訓練にもなるよう、古文常識と読解のヒント、別冊には解答・単語解説とともに文法解説も載せています。

まずは単語の練習に専念し、古文常識・読解のヒント・文法解説は訳の助けとして参照する程度にしましょう。単語が十分に習得できたら、ていねいに各解説を読んで理解してください。こうして段階を踏んで勉強すると、読解に必要な知識の絡《から》みがよくわかります。あせって一度にやろうとしないで、少しずつ積み上げてください。書き込みノートにあなたの文字が埋まる日を楽しみに、では始めましょう。

荻野文子

本書の使い方

『マドンナ古文単語230れんしゅう帖』には、本冊・別冊ともに多くの情報が盛り込まれています。このページで、使い方をしっかりと理解してから学習を始めましょう。

また、1～5の学習手順にしたがって使うと、より効果的に学習できます。

◆学習手順

1 原文をざっと読む

原文（上段）を読み流しましょう。わかりにくい部分にはこだわらず、ざっと目を通します。㊟や囲み内の**「古文常識」**も参照してください。

◆本冊／原文&現代語訳の見方

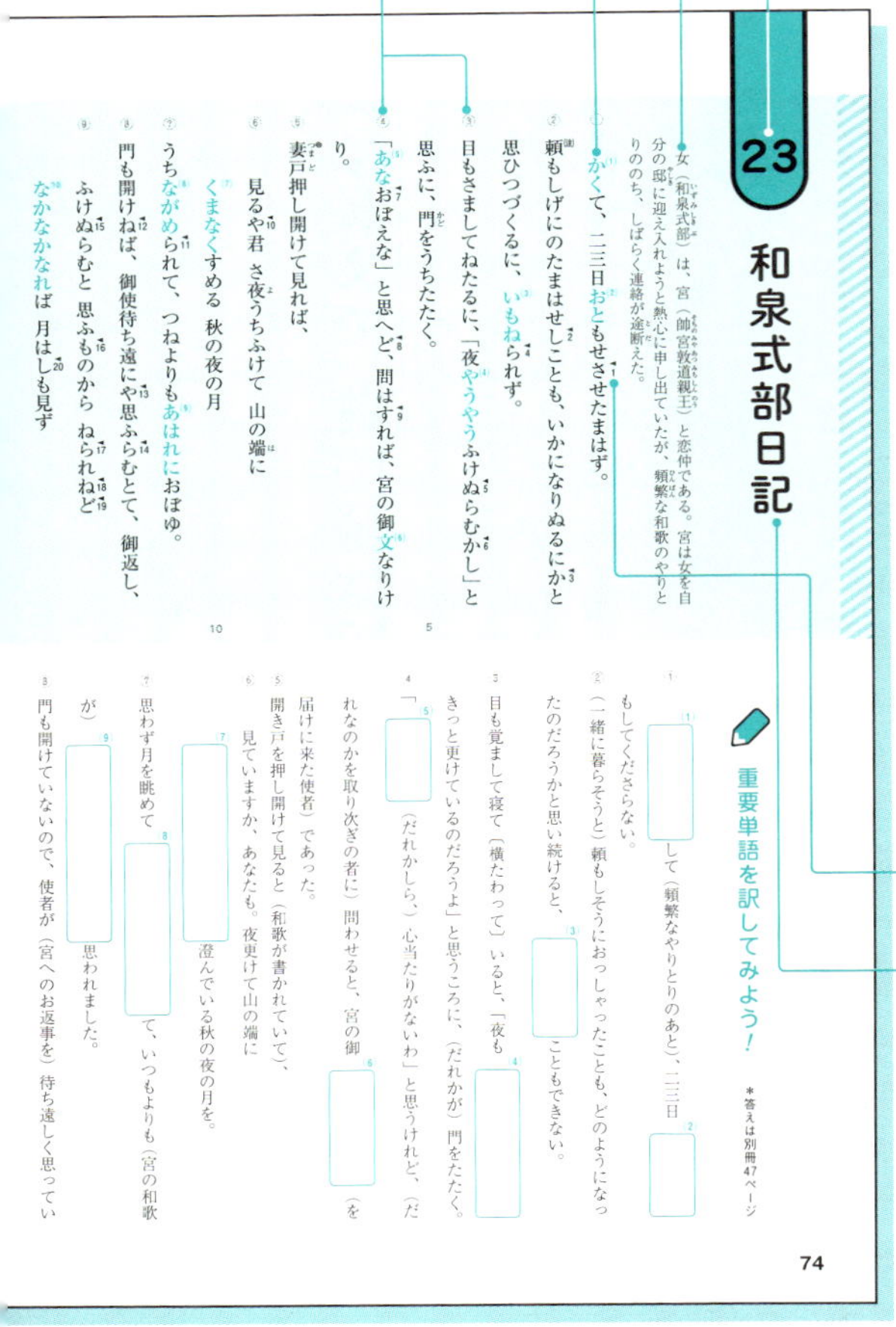

23 和泉式部日記

女（和泉式部《いずみしきぶ》）は、宮（帥宮敦道親王《そちのみやあつみちしんのう》）と恋仲である。宮は女を自分の邸《やしき》に迎え入れようと熱心に申し出ていたが、頻繁《ひんぱん》な和歌のやりとりののち、しばらく連絡が途断《とだ》えた。

① かくて、二三日おともせさせたまはず。
② 頼もしげにのたまはせしことも、いかになりぬるにかと思ひつづくるに、いもねられず。
③ 目もさましてねたるに、「夜やうやうふけぬらむかし」と思ふに、門《かど》をうちたたく。
④ 「あなおぼえな」と思へど、問はすれば、宮の御文なりけり。
⑤ 妻戸《つまど》押し開けて見れば、
⑥ 見るや君 さ夜《よ》うちふけて 山の端《は》に くまなくすめる 秋の夜の月
⑦ うちながめられて、つねよりもあはれにおぼゆ。
⑧ 門も開けねば、御使待ち遠にや思ふらむとて、御返し、
⑨ ふけぬらむと 思ふものから ねられねど なかなかなれば 月はしも見ず

重要単語を訳してみよう！ ＊答えは別冊47ページ

① （1）［　　］して（頻繁なやりとりのあと）、二三日（2）［　　］もしてくださらない。
② （一緒に暮らそうと）頼もしそうにおっしゃったことも、どのようになったのだろうかと思い続けると、（3）［　　］こともできない。
③ 目も覚まして寝て（横たわって）いると、「夜も（4）［　　］きっと更けているのだろうよ」と思うところに、（だれかが）門をたたく。
④ 「（5）［　　］（だれかしら、）心当たりがないわ」と思うけれど、（だれなのかを取り次ぎの者に）問わせると、宮の御（6）［　　］（を届けに来た使者）であった。
⑤ 開き戸を押し開けて見ると（和歌が書かれていて）、
⑥ 見ていますか、あなたも。夜更けて山の端に（7）［　　］澄んでいる秋の夜の月を。
⑦ 思わず月を眺めて（8）［　　］て、いつもよりも（宮の和歌が）（9）［　　］思われました。
⑧ 門も開けていないので、使者が（宮へのお返事を）待ち遠しく思ってい

74

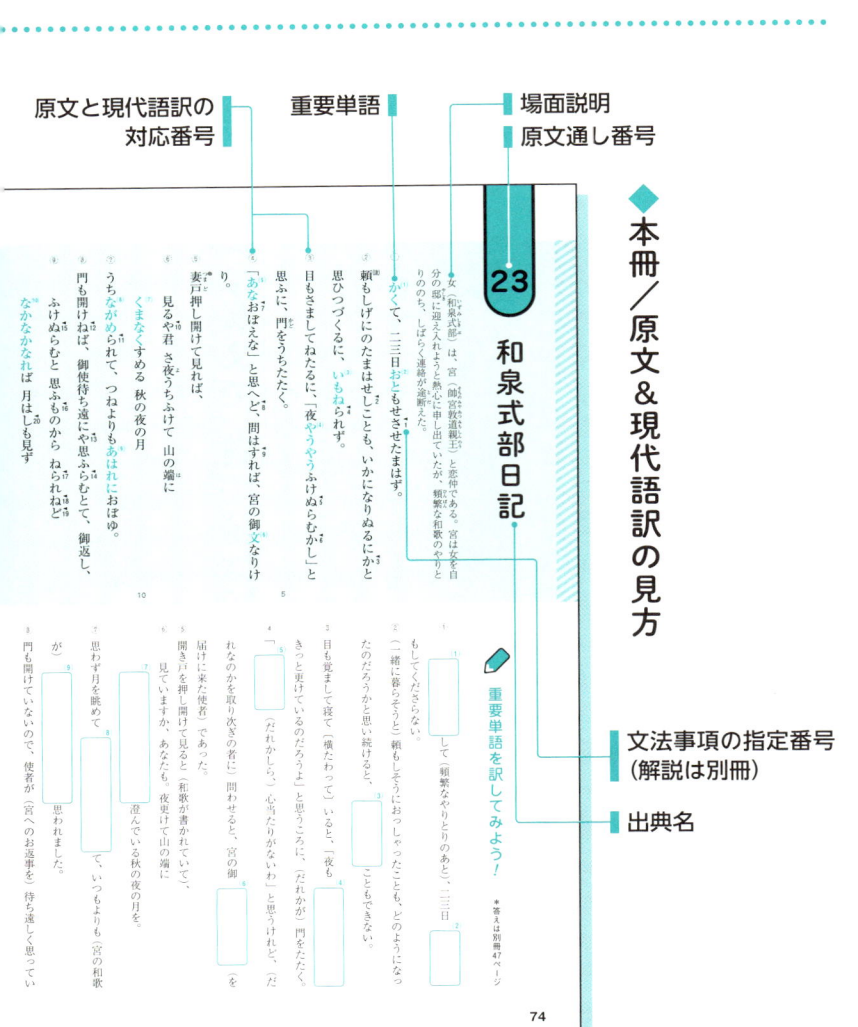

2 現代語訳を参考に重要単語にトライ

対応番号ごとに、**原文**と**現代語訳**（下段）を突き合わせながら、重要単語の訳を考えてみましょう。囲み内の**「読解のヒント」**も参照してください。

訳は原文の字面に近い直訳にしています。言葉不足は**（　）**内に補足、直訳が美しくない場合は**〔　〕**内に意訳もしています。

3 重要単語の空欄に書き込む

重要単語（緑字）に意識を集中して、下段の空欄に訳を入れてみましょう。多義語は、前後の文脈を判断して訳を決めてください。

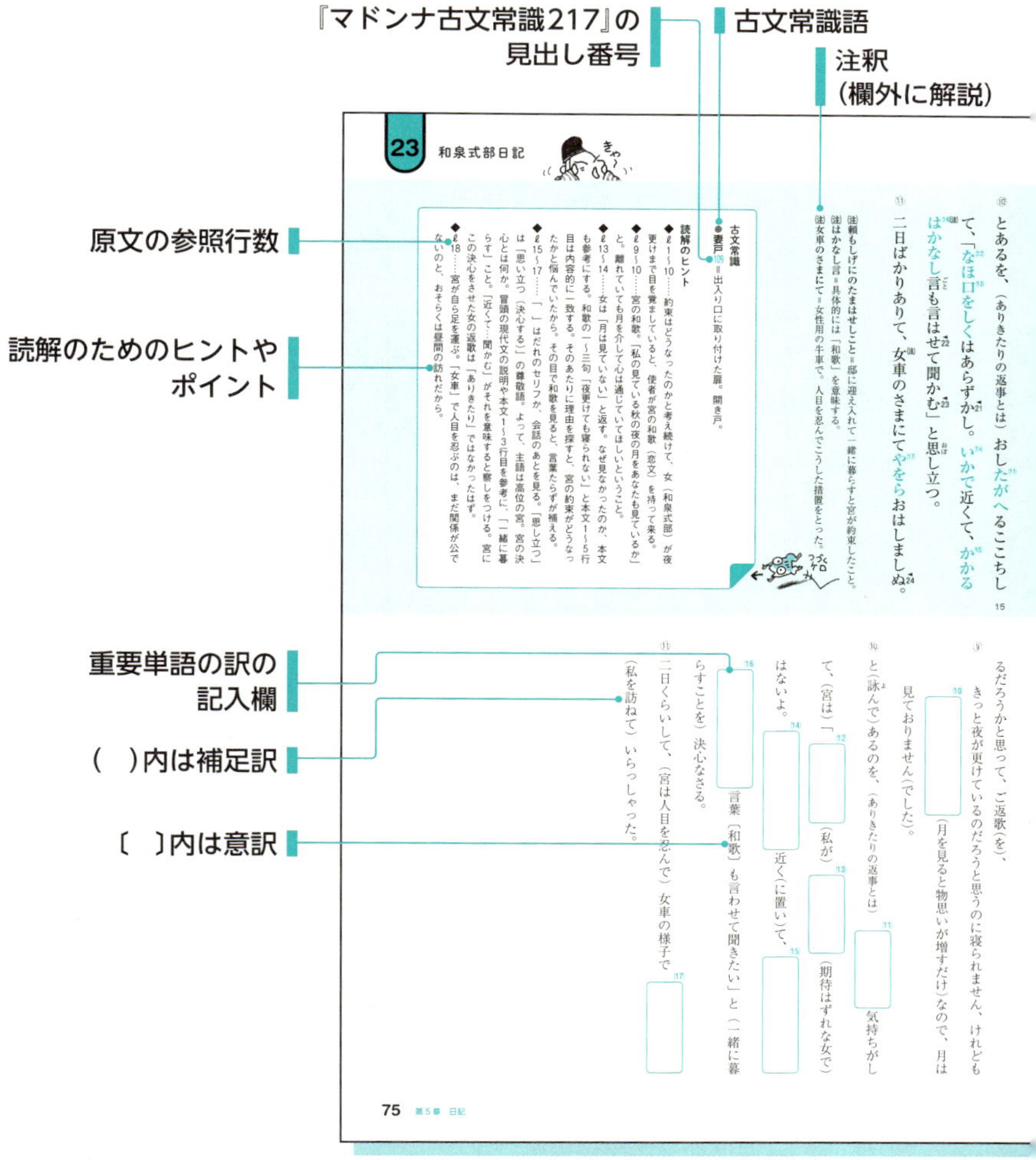

原文の記号

- ⑴ 重要単語(緑字)の指定番号
- ◀1 文法事項の指定番号(解説は別冊)
- ● 古文常識(囲み内で解説)
- (注) 注釈・場面における補足説明

現代語訳の記号

- ［　］……重要単語の訳の記入欄
- (　)補足訳…… 原文にはない意味の補足
- 〔　〕意訳…… 直訳を美しく言い換えた訳

4 訳を確認する

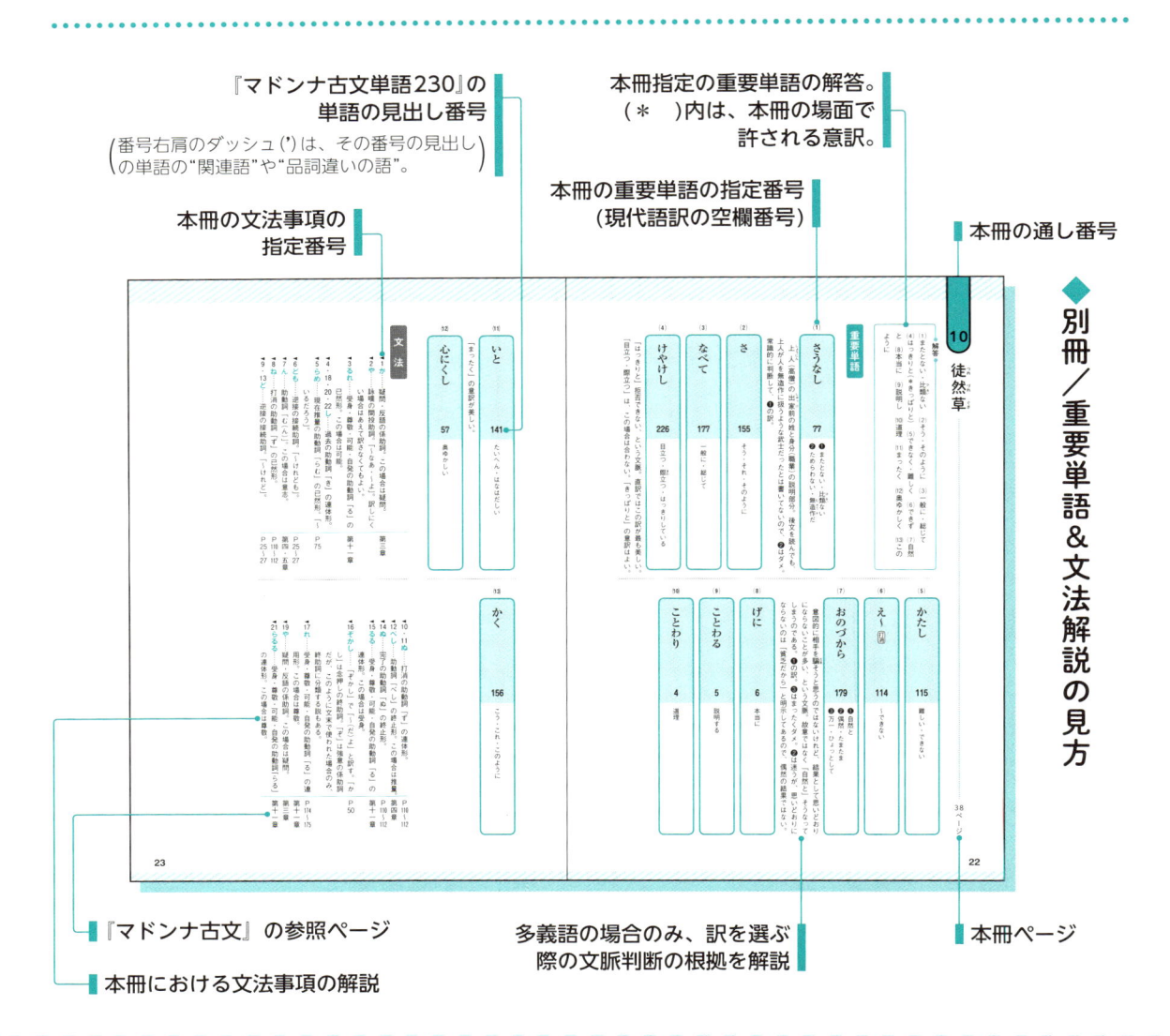

答え合わせをしたあと、別冊の**単語解説**を見ながら、訳の確認をしましょう。多義語の場合は、なぜその訳になるのか、文脈判断の根拠を理解してください。

5 文法事項を確認する

別冊の**文法解説**を見ながら、文法事項の確認をしてください。そのうえで、本文全体をもう一度ていねいに読みましょう。

◆別冊／重要単語&文法解説の見方

『マドンナ古文単語230』の単語の見出し番号

（番号右肩のダッシュ（'）は、その番号の見出しの単語の“関連語”や“品詞違いの語”。）

本冊の文法事項の指定番号

本冊指定の重要単語の解答。（＊　）内は、本冊の場面で許される意訳。

本冊の重要単語の指定番号（現代語訳の空欄番号）

本冊の通し番号

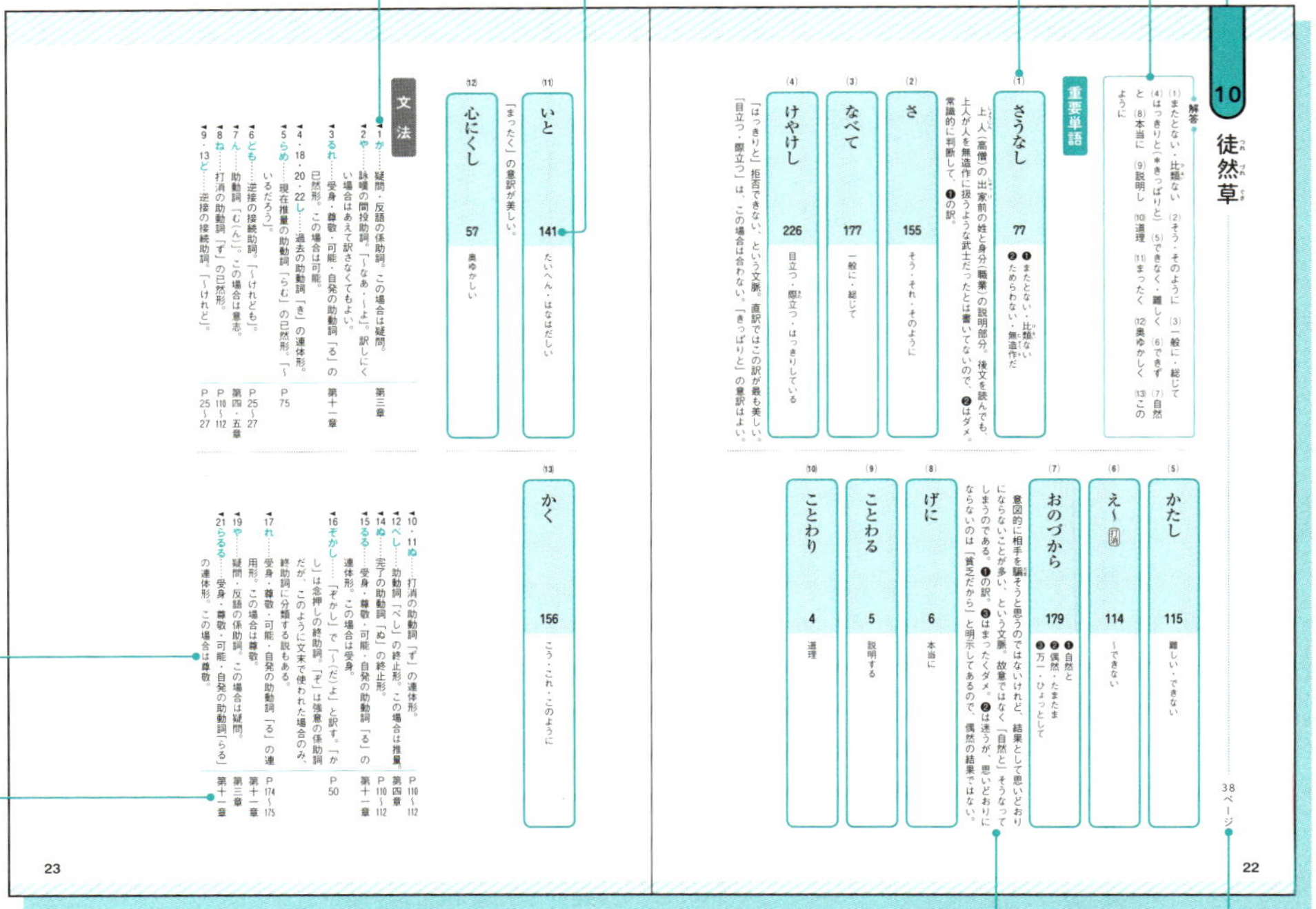

本冊ページ

多義語の場合のみ、訳を選ぶ際の文脈判断の根拠を解説

『マドンナ古文』の参照ページ

本冊における文法事項の解説

もくじ

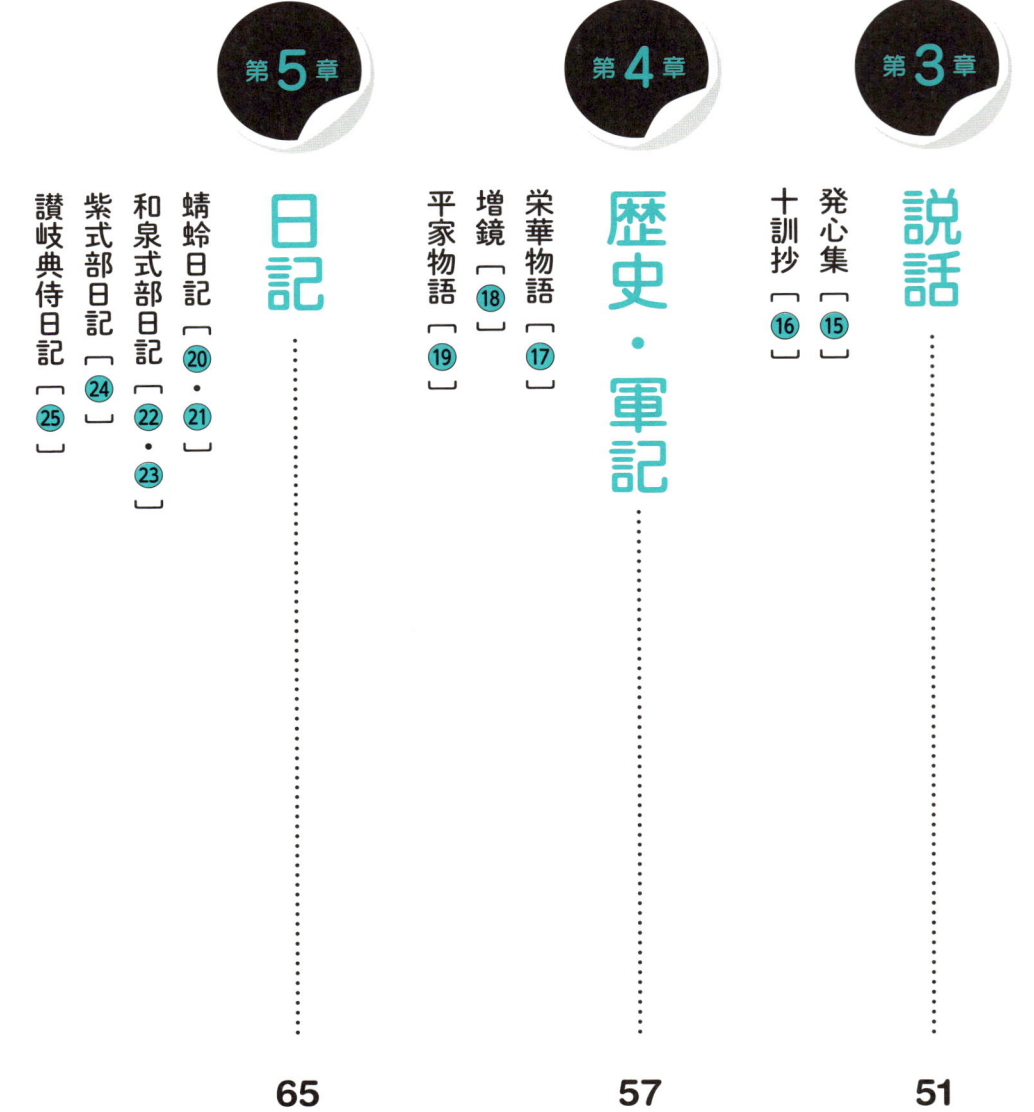

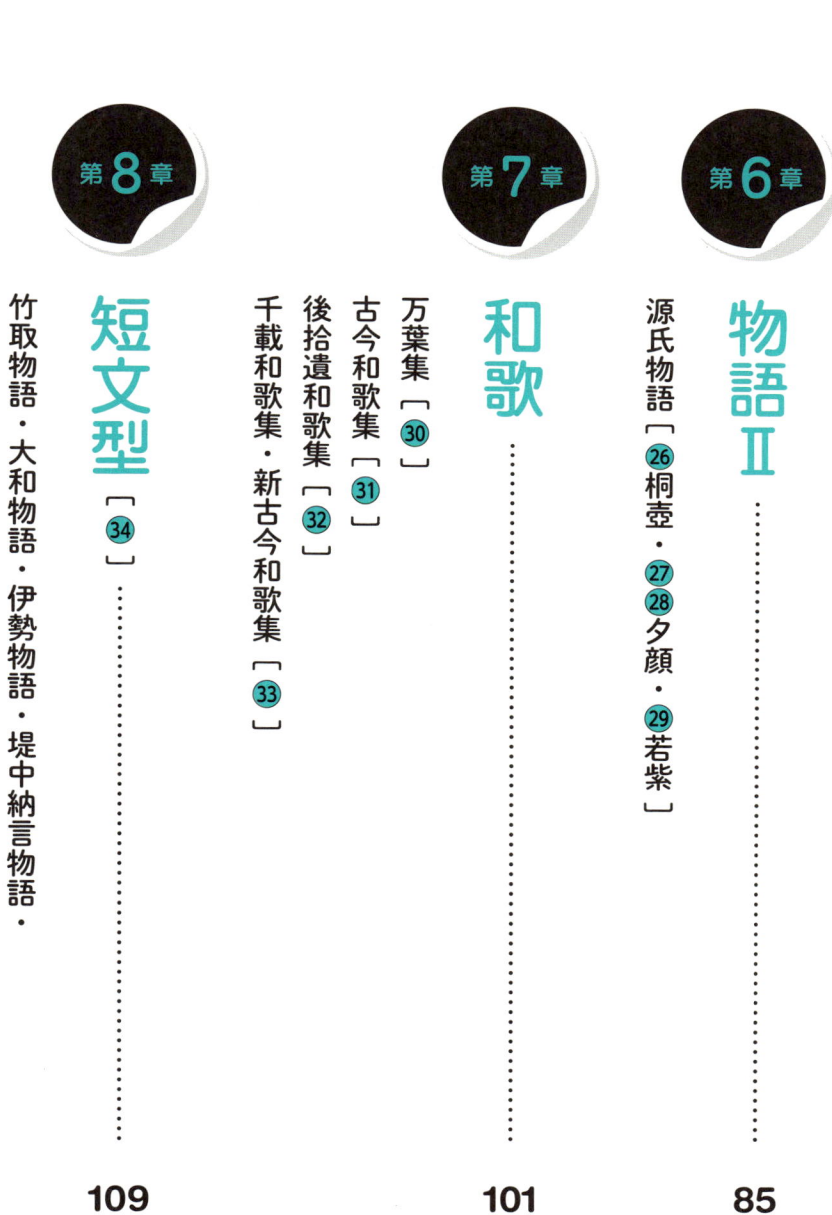

- イラスト　水野　玲（本文）
春原弥生（カバー）
- デザイン　齋藤友希（カバー・本文）
- 編集協力　高木直子
相澤　尋
鈴木瑞穂
内山とも子
- ＤＴＰ　有限会社マウスワークス

第1章

物語Ⅰ

伊勢物語〔①・②〕

大和物語〔③・④〕

堤中納言物語〔⑤〕

1 伊勢物語

① むかし、若き男、けしうはあらぬ(1)◀1女を思ひけり。

② さかしら(2)する親ありて、思ひもぞつく◀2とて、この女をほかへ追ひやらむ◀3とす。

③ さ(3)こ◀4そいへ、まだ追ひやらず。

④ 人(注)の子なれば、まだ心いきほひなかりければ、とどむるいきほひなし。

⑤ 女もいやしければ、すまふ(4)力なし。

⑥ さる(5)あひだに、思ひはいやまさりにまさる。

⑦ にはかに(6)、親、この女を追ひうつ。

(注)人の子＝親に養われている身。

読解のヒント

◆ℓ1〜4……若い男が女を好きになった。親がこの女を追い出す心づもりをしている。この女はこの家の使用人だろう。

◆ℓ5〜9……男はまだ親に逆らって女をとどめるほどの精神的な強さがない。女もいやしい身分なので逆らえない。思いはつのるが、親は決行する。

重要単語を訳してみよう！

＊答えは別冊2ページ

① 昔、若い男が (1)［悪くはない］ 女を思っていた。

② （ところが、この男には） (2)［出しゃばり］ をする親がいて、「思いがくっついたら〔相思相愛になったら〕大変だ」と思って、この女をほか（のところ）へ追い出そうとする。

③ (3)［そう］ は言うけれど、〔なかなか機会がなくて〕まだ追い出していない。

④ （男は）親に養われている身なので、まだ心の勢い〔親に逆らうほどの意志力〕がなかったので、（女を）引き止める（だけの）勢いがない。

⑤ 女も（身分が）いやしいので、 (4)［抵抗する］ 力がない。

⑥ (5)［そのような］ 間に、（男の）思いはいよいよまさりにまさる。

⑦ （そこで、） (6)［やがて］ 、親が、この女を追い出した。

2 伊勢物語

① むかし、をとこありけり。

② そのをとこ、伊勢の国に狩(注)の使に行きけるに、かの伊勢●の斎宮《いつきのみや》なりける人の親、「つねの使よりは、この人よくいたはれ」といひやれりければ、親の言なりければ、いと(1)ねむごろに(2)いたはりけり。

③ 朝《あした》には狩に出《い》だし立ててやり、夕さり(3)は帰りつつ、そこに来《こ》◀1させけり。

④ かく(4)てねむごろに(5)いたづきけり。

⑤ 二日といふ夜、をとこ、われて「あはむ(6)◀2」といふ。

(注)狩の使＝鳥獣を狩《かり》させるために天皇が諸国に派遣した使者。

古文常識

●**伊勢の斎宮** 42＝伊勢神宮に仕える女性。神の妻として身を捧げる。未婚の内親王（天皇の娘）がその任に当たる。

読解のヒント

◆ℓ1～8……「狩の使」の男は天皇の命令を受けた勅使。一方、「斎宮」は内親王、つまり天皇の娘。親からの言葉で、この男の世話をするようにと言われ、それを守る。

◆ℓ9……二日目の夜、男が言葉をよこす。

重要単語を訳してみよう！

＊答えは別冊3ページ

① 昔、（ある）男がいた。

② その男が、伊勢の国に（鳥獣）を狩する勅使《ちょくし》として行ったときに、あの伊勢神宮の斎宮だった人の親が、「いつもの使者よりは、この人〔男〕をよくいたわりなさい」と（娘である伊勢の斎宮に）言い伝えていたので、親の言葉だったから、（伊勢の斎宮は、この男を）(1)［たいそう］(2)［丁寧に］いたわった。

③ 朝には（支度《したく》を整えて）狩に出立《しゅったつ》させて送り出し、(3)［夕方］は（男が）帰ってくると、そこ〔斎宮の住まい〕に来させた。

④ (4)［こう］して(5)［熱心に］いたわった。

⑤ 二日目という夜、男は、思い余って「(6)［結婚し］たい」と言う。

⑥ 女もはた(7)いとあは(8)じとも思[3]へらず[4]。

⑦ されど(9)、人目しげけれ(10)ば、えあは(11)ず。

⑧ 使[注]ざねとある人なれば、とほくも宿さず。

⑨ 女の閨《ねや》[注]ちかくありければ、女、人をしづめて、子《ね》一つばかりに、をとこのもとに来たりけり。

⑩ をとこはた(13)寝られ[5]ざり[6]ければ、外《と》のかたを見いだして臥《ふ》せるに、月のおぼろなるに、ちひさき童《わらは》をさきに立てて、人立てり。

⑪ をとこ、いと(14)うれしくて、わが寝《ぬ》るところに率《ゐ》て入りて、子一つより丑《うし》三つまであるに、まだ何事も語らはぬ[7]にかへりにけり。

⑫ をとこ、いと(15)かなしく(16)て、寝ずなり[8]にけり。

⑬ つとめて(17)、いぶかしけれど[9]、わが[注]人をやるべき[10]にしあら[11]ねば[12]、いと(18)心もとなく(19)て待ちをれば、明けはなれてしばしあるに、女のもとより、詞《ことば》はなくて、

⑭ 君や[13]来《こ》し[14] 我や[15]行きけむ[16] 思ほえず
夢かうつつ(20)か 寝てかさめてか

⑮ をとこ、いと(21)いたう(22)泣きてよめる[17]、

⑥ 女〔斎宮〕も(7)［また］まったく(8)［あい］たくないとも思っているわけではない。

⑦ (9)［しかし］、（周囲の）人目が(10)［多い］ので、(12)［あう］ことが(11)［できない］。

⑧ （男は）使者の中の主だった人だから、（女の部屋から）遠く（離れた部屋）にも宿泊させていない。

⑨ 女〔斎宮〕の寝室の近くに（男の部屋は）あったので、女は、人を寝静まらせて、夜十一時過ぎごろに、男のところにやって来た。

⑩ （女のことが気になって）男も(13)［また］寝られなかったので、外のほうを眺めて横になっていると、月がぼんやりとかすんでいる（光の）中に、小さい（召使いの）童《わらわ》を先に立てて〔道先案内させて〕、人〔斎宮〕が立っている。

⑪ 男は、(14)［たいへん］うれしくて、自分の寝ているところに（女を）連れて入って、夜十一時過ぎから二時過ぎまで（一緒に）いたが、まだなにも深い仲にならないうちに（女は）帰ってしまった。

⑫ 男は、(15)［たいへん］(16)［かなしく］て、寝られなくなってしまった。

⑬ (17)［早朝］、（男は女のことが）気になるけれど、自分のほうの人を（伝言係のお使いとして女のところへ）やることもできないので、

⑯ かきくらす⒇ 心の闇に まどひ㉔にき◀18

夢うつつ㉕とは こよひ定めよ

⑰ とよみてやりて、狩に出でぬ。◀19

㊟使ざねとある人＝使者の中の主だった人。正使。

㊟閨＝寝室。「寝屋」に同じ。 ㊟わが人＝自分のほうの人。伝言係としての部下。

古文常識

●**子一つ** 207 207＝夜十一時から十一時半。

●**丑三つ** 207＝夜二時から二時半。

●**語らふ** 4＝男女が深い仲になる。

読解のヒント

◆ℓ10……9行目の男の言葉に対し、女もその気がないでもない。

◆ℓ11〜15……人目を避け、みなが寝静まった真夜中に、女（斎宮）が男のところにやって来る。男も寝られないところをみると、女のことを考えているのだろう。

◆ℓ16〜18……おぼろ月の中に立っている「人」はだれか。「男はうれしくて、寝所に連れて入る」のだから、女（斎宮）である。

◆ℓ19〜20……深夜の三時間、何事もないまま女は帰ってしまう。

◆ℓ22〜23……男は自分から連絡が取れないので、女からの連絡を待つ。

◆ℓ25〜26……女の和歌。「君が来たのか、私が行ったのか」「寝ていたのか、覚めていたのか」と、昨夜の逢瀬《おうせ》を曖昧にする。実際に昨夜のことを覚えていないはずはない。要するに、「昨日は正気ではなかった。なかったことにしましょう」ということ。だから、次行で男は泣いている。

◆ℓ28〜29……男の和歌。昨夜のことが「夢」だったのかどうか、「今夜、見定めましょう」と、今一度の逢瀬を願う。

◆全文……「斎宮」は男性との恋愛を禁じられた立場（『マドンナ古文常識』42参照）。「人目避け」「何事もないまま帰り」「男から連絡できず」「なかったことにしよう」という不可解な一連の行動はこのため。全文にわたって、天皇家である斎宮や親に敬語が使われていないのは、あくまで男と女の恋愛話として扱いたい作者の意図。

⒅［たいへん］ ⒆［待ち遠しく］ て（連絡を）待っていると、（夜が）すっかり明けてしばらくしたころに、女〔斎宮〕のところから（お使いが来て）、言葉はなくて（和歌だけが書いてある）、

⑭ （昨夜は）あなたが（私のところに）来たのか、（それとも）私が（あなたのところに）行ったのでしょうか、（はっきり）覚えていません。（あれは）夢なのか ⒇［現実］ なのか、寝ていたのか覚めていたのか（よくわかりません）。

⑮ 男が、 ㉑［たいへん］ ㉒［はなはだしく］ 泣いて詠《よ》んだ（歌）、

⑯ ㉓［悲しみにくれる］ 心の暗闇に ㉔［心乱れ］ てしまいました（ので、どちらが夕べ行ったのか、私にもわかりません）。（昨夜のことが）夢か ㉕［現実］ かということは、今夜（もう一度あなたが私のところに来て）見定めてください。

⑰ と（男は）詠んで（女のところへ和歌を）送って、狩に出かけた。

3 大和物語

① 泉の大将(注)、故左(注)のおほいどのにまうでたまへりけり。

② ほかにて酒などまゐ(注)り、酔《ゑ》ひて、夜いたく(1)ふけて、ゆくりもなく(2)ものし(3)たまへり。

③ 大臣《おとど》おどろき(4)たまひて、「いづく(5)にものし(6)たまへる▼1たより(7)にか▼2あらむ▼3」などきこえ(8)たまひて、御格子《みかうし》あげさわぐに、壬生忠岑《みぶのただみね》、御ともにあり。

④ 御階《みはし》のもとに、松ともしながらひざまづきて、消息(9)申す。

⑤ 「かささぎの　わたせる▼4橋の　霜の上を
夜半《よは》にふみわけ　ことさらにこそ

⑥ となむのたまふ」と申す。

⑦ あるじの大臣、いと(10)あはれ(11)にをかし(12)とおぼして、その夜、夜ひと夜、大御酒《おほみき》(注)まゐり、遊びたまひて、大将も物かづき(13)、忠岑も禄《ろく》(注)たまはりなどしけり。

⑧ 「この忠岑が▼5むすめあり」と聞きて、ある人なむ、「得む▼6」といひけるを、「いと(14)よき(15)ことなり」といひけり。

⑨ 男のもとより、「かの(注)頼めたまひし▼7こと、このごろのほど

重要単語を訳してみよう！

＊答えは別冊5ページ

① 泉の大将〔藤原定国〕が、今は亡き左大臣〔藤原時平〕（の邸《やしき》）に参上なさった。

② （そのとき、泉の大将は）ほかの場所で酒などをお飲みになり、酔って、夜が(1)［たいへん］更けて、（無礼にも）(2)［突然に］(3)［訪問し］なさったのだった。

③ 大臣は（すでにお休みになっていたが）(4)［目を覚まし］なさって、「(5)［どこ］に(6)［訪問し］なさった(7)［ついで］（の来訪）であるのだろうか」などと（泉の大将に）(8)［うわさ］なさって、（左大臣家の使用人たちが慌《あわ》てて）御格子を上げ（ようとして）騒いでいたが、（そのとき）壬生忠岑が、（泉の大将の）お供として（参上して）いた。

④ （邸の）階段の上がり口に、（忠岑が）松明《たいまつ》を灯しながらひざまずいて、（泉の大将に代わって左大臣に）(9)［挨拶］申し上げる。

⑤ 「鵲《かささぎ》が渡した天上の橋のような、（あなたさまの）御殿《ごてん》の階段の霜の上を、夜中に踏み分け、わざわざ（参上いたしました。決してついでではありません）。

⑥ と（泉の大将が）おっしゃっています」と（忠岑は左大臣に）申し上げ

にとなむ思ふ」といへりける返りごとに、

㊟泉の大将＝藤原定国《さだくに》。
㊟左のおほいどの＝藤原時平《ときひら》。
㊟まゐり＝2・12行目ともに尊敬語で、この場合は「お飲みになる」の意味。
㊟禄＝褒美《ほうび》。
㊟かの頼めたまひしこと＝例のお約束くださいましたこと。

古文常識

● **おほいどの** 77＝大臣。「左のおほいどの」で左大臣。
● **御格子** 110＝窓や出入り口に取り付ける建具。
● **御階** 105＝宮中や貴族の邸《やしき》の階段。
● **かささぎのわたせる橋** 164＝もとは「雨夜の七夕《たなばた》に鵲《かささぎ》が造る天の河の橋」や「宮中の階段」を意味するが、ここは左大臣家の階段（御階）のこと。
● **遊び** 173＝ここは「管弦の催し」のこと。

読解のヒント

◆ℓ1～3……「大将」と「左大臣」はともに高位の人物だが、より身分が高いのはもちろん左大臣。その身分差を考えると、「ほかで酒を飲み、酔って、夜更けて」訪問するのは無礼である。
◆ℓ4～5……「いづくにものしたまへるたよりにかあらむ」は、直訳はともかく、意味内容としては、泉の大将の無礼を責める皮肉がこめられている。
◆ℓ8～10……「　」は忠岑のセリフ。和歌を作ったのは忠岑であるが、「…となむのたまふ」とあるように、自分の主人である泉の大将の代弁の形にしている。左大臣の不機嫌をなだめるための気のきいたとりなしである。
◆ℓ11～13……忠岑の和歌のすばらしさと機転のよさに、左大臣は機嫌を直した。
◆ℓ14～15……「ある人」が忠岑の娘との結婚を申し出た。当時の女性の結婚は、本人の意志によらず、親（この場合は忠岑）が決定する。
◆ℓ16～17……男（ある人）は結婚を急がせている。それに対して、返事をするのは忠岑。

る。

⑦（邸の）主の左大臣は、（忠岑のとりなしの歌を）⑽ たいへん とお思いになって、⑾ 感慨深く その夜、ひと晩じゅう、お酒をお飲みになり、管弦の催しをなさって、大将も（引出《ひきで》）物《もの》の⑿ 趣深い ⒀ 褒美をいただき 、忠岑もご褒美をいただきなどした。

⑧「この忠岑の（家には）娘がいる」と聞いて、ある人が、「（妻に）もらいたい」と言ったところ、（忠岑は）「⒁ たいへん ⒂ 良い ことだ」と言った。

⑨男〈ある人〉のところから、「例のお約束くださいました（結婚の）こと、近いうちにと思う」と言ってきた（その）返事に、（忠岑は）

⑩ わが宿(注)の　ひとむらすすき(注)　うら(16)わかみ
むすび時には　(17)まだしかりけり◀8
⑪ となむよみたりける。
⑫ まことにまだ(18)いと小さきむすめになむありける。

(注)宿＝家。
(注)すすき＝ここは、娘の比喩として使っている。

読解のヒント

◆ℓ18～21……和歌は忠岑の返事。21行目に「まだ小さい娘」とあるから、和歌の中にもその内容が詠まれているはず。

◆全文……第1段落（ℓ1～13）と第2段落（ℓ14～21）は内容的に何のつながりもない。唯一の共通点は「忠岑の和歌」だけ。『大和物語』は歌物語で、うまい和歌を披露するのが主目的。『古今《こきん》集』の撰者《せんじゃ》のひとりである名歌人・壬生忠岑の和歌を二首紹介したのである。

⑩ わが家の一群のすすきはまだ若いので、結ぶにしては時期がまだ早過ぎます。そのように、わが家の娘も (16)［若いので］、結婚の時期には (17)［まだ早い］ ですねえ。
⑪ と詠《よ》んだのだった。
⑫ 本当にまだ (18)［たいへん］ 小さい娘であった。

4 大和物語

① 信濃《しなの》(注)の国に更級《さらしな》といふところに男住みけり。

② 若き時に親死にければ、をばな▲1む親のご▲2とくに若くよりあひ添ひてあるに、この妻《め》の心、いと(1)心うき(2)こと多くて、この姑《しうとめ》の老いかがまりてゐたるをつねに憎みつつ、男にも、このをばの御心さがなく(3)あしき(4)ことをいひ聞かせければ、昔のご▲3とくにもあらず、おろかなる(5)こと多く、このをばのためになりゆきけり。

(注)信濃の国＝現在の長野県。

読解のヒント

◆ℓ1～5……男は若くして親を亡くし、おばを親と慕って暮らしていたが、妻が姑（おば）を憎んで、男にそれを言い聞かす。

◆ℓ6～7……「昔のごとく…なりゆきけり」は、語順が転倒している。「このをばのために」を前へまわすとわかりやすい。

重要単語を訳してみよう！

＊答えは別冊7ページ

① 信濃の国に（ある）更級という所に男が住んでいた。

② 若いときに親が死んでしまったので、おばが親のように若いころから（寄り）添って〔一緒に暮らして〕いたのに、この（男の）妻の心には、(1)［たいへん］(2)［つらい］ことが多くて、この姑《しゅうとめ》（であるおば）が年老いかがまって〔腰が曲がって〕いるのを常に憎んで、男にも、このおばの御心が(3)［意地悪く］(4)［悪い］（という）ことを（妻が）言い聞かせたので、（男は）昔のように（寄り添う仲）ではなく、(5)［いいかげんな］ことが多く、このおばのために〔おばに対して〕なっていった。

5 堤中納言物語

男と女は長年一緒に住んでいたが、男が新しい妻を家に招待しようとしたので、女は召使いの童《わらわ》をお供にして家を出て、山里に住む下女《げじょ》の知人のところへ行く。女は和歌を託して童を男のもとに帰らせる。

① 男うち(1)おどろきて見れば、月も(2)やうやう山の端《は》近くなりにたり。

② 「(3)あやしく遅くかへるもの◂1かな。遠き所へ往《い》きけるにこそ」と思ふも、(4)いと(5)あはれなれば、

③ 住み馴れ◂2し　宿を見すてて　ゆく月の
(6)影に(注)おほせて　恋ふるわざ◂3かな

④ といふにぞ、童帰りたる。

⑤ 「(7)いと(8)あやし。(9)など、遅くは帰りつるぞ。(10)いづくなりつる所ぞ」と問へば、(11)(注)ありつる歌をかたるに、男も(12)いと悲しくてうち泣き◂4ぬ。

⑥ 「此処《ここ》にて泣か◂5ざりつるは、(13)(注)つれなしをつくりにけるにこそ」と、(14)あはれなれば、「往きて迎へ返し◂6てむ」と思ひて、

⑦ 童にいふやう、「(15)さまで(16)ゆゆしき所へ往く◂7らむとこそ思は◂8ざりつれ。(17)いと、(18)さる所にては、身も(19)いたづらになり◂9なむ。

重要単語を訳してみよう！

＊答えは別冊8ページ

① 男はふと［(1)　　］て見ると、月も［(2)　　］山の端近くになってしまっている。

② 「［(3)　　］遅く帰るものだなあ。遠い所へ行ったのだな」と思うのも、［(4)　　］［(5)　　］ので、

③ 住み慣れたこの家を見捨てて（山に隠れ）行く月の［(6)　　］のせいにして、住み慣れたこの家を見捨てて行った妻を恋しく思うことだなあ。

④ と（ひとり言の歌を）言っていると、（召使いの）童が帰ってきた。

⑤ 「［(7)　　］［(8)　　］。［(9)　　］、遅く帰ったのか。（女の行先は）［(10)　　］だったのか、場所は」と（男が）問うと、（童は女に頼まれた）［(11)　　］歌〈参考〉を語ったところ、男も［(12)　　］悲しくて泣いてしまう。

⑥ 「ここで（女が）泣かなかったのは、［(13)　　］顔を作っていた

⑧ なほ[20]、迎へ返して[10]むとこそ[11]思へ」といへば、「道すがらをやみなく[12]なむ泣かせ[13]給ひつるぞ。あたら[21][14]御さまを」といへば、

⑨ 男、「明けぬ[15]さきに」とて、この童、供にて、いと[22]とく[23]往きつきぬ[16]。

(注)おほせて＝（その）せいにして。

(注)ありつる歌＝22ページの〈参考〉の和歌。もし男に「どこへ行ったか」と尋ねられたら、この歌を伝えるようにと、女はあらかじめ童に言っていた。

(注)つれなし＝「つれなし顔」のこと。

読解のヒント

◆ℓ1〜7……お供の童の帰りが遅いので、女（先妻）がよほど遠い所まで出て行ったと男は判断する。新たな妻を家に迎えるとはいえ、先妻がそこまで傷ついたのかと思うと、恋しさがわいてくる。和歌は男のひとり言。

◆ℓ8〜10……男が場所を問うと、童は女に頼まれたとおり、〈参考〉の歌を伝える。

◆ℓ11〜15……男は女を迎えに行くことにする。

◆ℓ16〜17……童は、道々女がいかにかわいそうだったかを、男に語る。暗に、捨ててはいけない女性だということを訴えているのである。

のだな」と、(14)□ので、「行ってきっと迎え返そう」と（男は）思って、

⑦ 童に言うことには、「(15)□まで(16)□場所に行っているだろうとは思っていなかった。(17)□、(18)□場所では、（女の）身もきっと(19)□だろう。(20)□、きっと迎え返そうと思う」と（男が）が言うので、

⑧ （童は）「道々ずっと絶え間なく（奥様は）泣いていらっしゃいましたよ。ああなんと(21)□ご様子（でした）よ」と言うと、

⑨ 男は、「夜の明けないうちに（行こう）」と言って、この童を、供として、(22)□(23)□（妻のところに）行き着いた。

⑩ げ(24)にいと(25)小さくあばれたる家なり。

⑪ 見るより悲しくて、打ち叩けば、この女は来着《き》きにし[17]より、更に泣き臥《ふ》したる程にて、「誰《た》そ」と問はす[18]れば、この男の声にて、

⑫ 涙川　そことも知らず　つらき瀬を
　行きかよひつつ　泣かれ[19]来にけり[20]

⑬ といふを、女、いと(26)思はずに、「似たる声かな[21]」とさ[22]へあさましう(27)思ゆ。

〈参考〉
いづく(28)にか[23]　送りはせし[24]と　人(注)問[25]はば
心もゆか(29)ぬ[26]　涙川まで

(注)人＝夫。

読解のヒント
◆ℓ20～21……「小さくあばれたる家」を見た男は、ますます女がかわいそうになる。
◆ℓ26……男が自分を迎えに来るなどとは、女はまったく「思はずに」いた。「似た声だ」と、まだ気づかずにいる。
◆〈参考〉…女があらかじめ童に託しておいた夫への歌。「もし夫が問うたら、涙川まで」行ったと答えてくれるように、童に頼む。

⑩ (24)［　　　］(25)［　　　］小さく荒れ果てた家である。

⑪ （その家を）見るやいなや（男は）悲しくなって、（戸を）たたくと、この女は（道中も泣いていたが、この家に）来着いたときから、もっと泣き伏していた（ちょうどその）ときで、「だれですか」と（下女に）尋ねさせたところ、この男の声で、

⑫ （あなたが行かれたという）涙川はそこだとも知らず、つらい川瀬を行ったり来たりして、思わず泣きながらここまで来ましたよ。

⑬ と（男が）言うのを、女は、（夫が来ているとは）(26)［　　　］思いもせずに、「（夫に）似た声ねえ」とまで(27)［　　　］気持ちである。

〈参考〉

「(28)［　　　］に送って行ったのか」と夫がもしも尋ねたなら、(29)［　　　］ない涙川まで（行ったと答えてください）。

第2章

随筆

枕草子［⑥・⑦］

徒然草［⑧・⑨・⑩・⑪・⑫］

玉勝間［⑬・⑭］

6 枕草子

① 上に候ふ御猫《ねこ》は、かうぶり給はりて、命婦《みやうぶ》のおとどとて、(1)いと(2)をかしければ、(3)かしづかせ◀1たまふが、端《はし》に出《い》でたまふを、乳母《めのと》の馬《むまの》命婦、「(4)あな(5)まさ◀2なや◀3。入《い》りたま◀4へ」と呼ぶに、聞かで◀5、日のさしあたりたるに、うち眠《ねぶ》りて(6)ゐたるを、おどすとて、「翁《おきな》(注)まろ、(7)いづら。命婦のおとど食《く》へ」と言ふに、まことかと◀6て、痴《し》れ者《もの》は走りかかりたれば、おびえ(8)まどひて、御簾《みす》の内《うち》に入りぬ◀7。

② 朝餉《あさがれひ》の間《ま》に、上はおはしますに、御覧じて、(9)いみじう(10)おどろかせ◀8たまふ。

③ 猫は御ふところに入れさせ◀9たまひて、男《をのこ》ども召《め》せば、蔵人《くらうど》忠隆《ただたか》まゐりたるに、「この翁まろ打ちてうじて、犬島(注)へながしつかはせ、ただいま」と仰せら◀10るれば、あつまりて狩《か》りさわぐ。

④ 馬命婦もさいなみて、「乳母かへてむ◀11。(11)いと(12)うしろめたし」と仰せら◀12るれば、かしこまりて御前《おまへ》にも出《い》でず。

⑤ 犬は狩り出でて滝口《たきぐち》などして◀13、追ひつかはしつ。

重要単語を訳してみよう！

＊答えは別冊11ページ

① 天皇のおそばにお仕えしている御猫は、五位の位をいただいて、「命婦のおとど」と言って、(1)＿＿＿＿ (2)＿＿＿＿ ので、（天皇が）(3)＿＿＿＿ なさっている（その）御猫が、（縁側の）端に出ていらっしゃるのを、（猫の養育係である）乳母の馬命婦が、「(4)＿＿＿＿ (5)＿＿＿＿ わ。（中に）お入りください」と呼ぶのだが、（御猫は）聞かないで、日が差し（込んで）当たっている所で、眠って (6)＿＿＿＿ たのを、（乳母の馬命婦は）おどかそうと思って、「翁まろ〔犬〕、(7)＿＿＿＿ なの。命婦のおとど〔御猫〕に噛みつきなさい」と言うと、（翁まろは）本当かと思って、愚か者（の翁まろ）は（御猫に）走りかかっていったので、（御猫は）怯《おび》え (8)＿＿＿＿ て、御簾の中〔部屋〕に入ってしまった。

② （お食事のために）朝餉《あさがれい》の間に、天皇はいらっしゃったときで、（この騒ぎを）ご覧になって、(9)＿＿＿＿ (10)＿＿＿＿ なさる。

③ 猫は（天皇がご自分の）御ふところに入れなさって、（殿上《てんじょう》の）男たちをお呼びになるので、蔵人《くろうど》の忠隆が参上したところ、（天皇が）「この翁まろを打ちこらしめて、犬島に流し追い払え、今すぐ」とおっしゃるので、

⑥
「あはれ(13)、いみじく(14)ゆるぎありき(15)つるものを。◀14三月三日に、頭弁《とうのべん》(注)、柳のかづら(注)をせさせ◀15、桃の花かざしにささせ◀16、梅
腰《こし》にささせ◀17などして、ありか(16)せ◀18たまひし。◀19かかる(17)目

(注)翁まろ＝宮中で飼われていた犬の名。中宮がかわいがっていた。
(注)犬島＝犬を島流しにする所。　(注)頭弁＝藤原行成《ゆきなり》。　(注)かづら＝髪飾り。

古文常識

● **上** 37＝天皇。
● **かうぶり給はりて** 125＝五位の位をいただいて。ここは、猫に五位を与えたということ。
● **命婦のおとど** 94＝猫の呼び名。本来は、「命婦」は中臈《ちゅうろう》女房（五位以上）の呼称。「おとど」はこの場合は敬称。猫に人間の役職名をつけたのだ。
● **乳母の馬命婦** 94 98＝養育係の中臈女房。ここは、猫の養育係。
● **御簾** 114＝すだれ。
● **朝餉の間** 48＝天皇が食事をなさる部屋。
● **蔵人** 78＝天皇の男性秘書。
● **滝口** 84＝宮中警護の武士。蔵人の直属の部下に当たる。
● **かざし** 133＝花や草木のかんざし。

読解のヒント

◆ ℓ1……天皇の御猫は、五位の中臈女房のように「命婦のおとど」と呼ばれている。いかにかわいがられていたかがわかる。
◆ ℓ3〜7……養育係の言うことを猫は聞かない。養育係はおどすつもりで「翁まろ」をけしかける。犬が真《ま》に受けて猫を追い回すと、猫は怯えて部屋に入った。なお、馬命婦が猫に尊敬語を使うのは、天皇の御猫だから。
◆ ℓ8〜16……それをご覧になった天皇は、犬の処刑を命じる。男たちは犬を捕らえようと大騒ぎ。失態を犯した養育係はその任からはずされて、身を縮めている。とうとう翁まろは追放された。
◆ ℓ17〜19……三月三日の記述は、過去の助動詞「き」の連体形「し」があるから過去の回想。

（忠隆はじめ男たちが）集まって（翁まろを）捕まえようと大騒ぎする。

④（天皇は、養育係の）馬命婦も責めさいなんで、「養育係をいっそ（ほかの者に）変えよう。（このままでは猫のことが）(11)［　　］(12)［　　］」とおっしゃるので、（馬命婦は）かしこまって（天皇の）御前にも出ない。

⑤犬〔翁まろ〕は（男たちが）狩り立て見つけ出して滝口の武士などを使って、（犬島に）追い払ってしまった。

⑥「(13)［　　］、(14)［　　］（自信満々に）体を揺すって(15)［　　］ていた（翁まろな）のに。（去る）三月三日に、頭弁〔藤原行成〕が、（翁まろに）柳の髪飾りをつけさせ、桃の花をかんざしに（して）挿させ、梅（の枝）を腰に差させなどして、(16)［　　］せなさった（ことがあった）。（そのとき翁まろは）(17)［　　］目を

見[20]むとは思ひかけ[21]けむ[22]や」と、(18)あはれがる。

⑦「御膳《おもの》のをりは、かならず向ひさぶらふに、(19)さうざうしくこそあれ」など言ひて、三四日になり[23]ぬ。

⑧昼《ひる》つかた、犬の(20)いみじく鳴く声のすれば、何《なに》ぞの犬の(21)かく久しく鳴くに[24]かあら[25]むと聞くに、よろづの犬ども走りさわぎ、とぶらひに行く。

⑨(注)御《み》厠人《かはやうど》なる者走り来て、「犬を蔵人二人《ふたり》[26]して打ちたまふ。死ぬ[27]べし。ながさ[28]せたまひけるが、帰りまゐりたるとて、てうじたまふ」と言ふ。

⑩(22)心憂《う》の事[29]や、翁まろ[30]ななり。

⑪「忠隆《ただたか》、実房《さねふさ》なむ打つ」と言へば、制しにやるほどに、からうじて鳴きやみ[31]ぬ。

⑫「死にければ、門《かど》の外に引き捨てつ」と言へば、(23)あはれがりなどする夕つかた、(24)いみじげに腫《は》れ、(25)あさましげなる犬[32]の、(26)わびしげなるが、わななき(27)ありけば、「(28)あはれ、翁まろ[33]か。(29)かかる犬[34]やはこのごろは見ゆる」など言ふに、「翁まろ」と呼べ[35]ど、耳にも聞き入れず。

⑬「それぞ」と言ひ、「あらず」と言ひ、口々《くちぐち》申せば、「(注)右《う》近《こん》

見る〔目に合う〕と思ってみただろうか、いや思いもしなかっただろう」と、（女房たちはみな）(18)［　　］。

⑦「（中宮の）お食事のときは、（翁まろは中宮に）必ず向かい合っておそばにお仕えしていたのに、(19)［　　］ことだ」などと言って、（翁まろの追放から）三四日になった。

⑧昼ごろ、犬が(20)［　　］鳴く声がするので、いったいどういう犬が(21)［　　］長いこと鳴くのだろうかと（思って）聞いていると、たくさんの犬たちが走り騒ぎ、（その犬を）見に訪ねて行く。

⑨御厠人《みかわやうど》である者が走って来て、「犬を蔵人がふたりで一緒に打ちたたいていらっしゃいます。死ぬに違いありません。（先日天皇が）島流しになさった犬が、（宮中に）帰って参っているといって、こらしめなさっている」と言う。

⑩(22)［　　］ことよ。翁まろであるらしい。

⑪「忠隆と、実房が打っている」と（御厠人が）言うので、制止する〔打つのを止《と》める〕ために（人を）やるうちに、やっとのことで鳴きやんだ。

⑫「死んだので、門の外に引っぱり捨ててしまった」と（人が）言うので、(23)［　　］などする夕方、(24)［　　］

ぞ見知りたる。呼べ」とて、下(注)なるを、「まづ、とみ(30)の事」とて、召《め》せば、まゐりたり。

(注)**御厠人なる者**＝宮中の便所掃除をする低位の女官。
(注)**右近**＝天皇付きの女房で、中宮の信任も厚かった人。
(注)**下**＝女房の部屋。ここは右近の部屋のこと。

読解のヒント

◆ℓ17～22……二つの「　」は、セリフの後ろの「…とあはれがる」「…など言ひて」に敬語がないので、作者ら女房たちの会話と見る。19～20行目に「…目に合うとは思いがけないことだっただろう」とあるから、「　」の内容は翁まろに対する憐れみ。一つ目のセリフは翁まろがかわいがられていた様子を回想。二つ目のセリフの「お食事のときに必ず向かい合っていた」も、翁まろの思い出。食事のときに翁まろを伴うのは中宮と思われる。

◆ℓ23～31……三四日後の昼、犬の鳴き声がする。「島流しにした犬が帰って来たので、また処刑している」との情報が、御厠人から作者たちの耳に届く。制止させようとするうちに、鳴きやんだ。

◆ℓ32～36……情報によると、死んだと言う。同じ日の夕方、体の腫れあがった犬がいる。「翁まろ」と呼んでも返事をしない。

◆ℓ37……翁まろか違うのか、みんなが口々に「申す」。この謙譲語により、相手は高位。作者ら女房たちが報告する相手だから「中宮」であろう。また、これだけ翁まろを気にかけている作者たちが、犬を処刑した「天皇」に話すとは思えない。

◆ℓ37～39……「右近…呼べ」「まづ…事」の二つのセリフは、どちらも「とて」の「て」でつながる同主語で、「召せば」の尊敬語に続く。この場面に登場している高位の人は「中宮」。中宮は、翁まろをよく知る右近を呼ぶ。

腫れ、(25)［　　］（姿をした）犬で、(26)［　　］
（様子の）犬が、震えながら(27)［　　］ので、「(28)［　　］、
翁まろか。(29)［　　］（傷ついた）犬はこのごろは見たことがあるか、いやない」などと（だれかが）言うので、「翁まろ」と呼ぶけれど、（犬は）耳に聞き入れもしない。

⑬（ある者は）「それ〔翁まろ〕だ」と言い、（別の者は）「そうではない」と言い、（みなが）口々に（中宮に）申し上げるので、「右近が〔翁まろを〕見知っている。呼べ」と（中宮が）おっしゃって、（右近が）部屋に下がっているのを、「まずは〔何はさておき〕、(30)［　　］のこと」と言って、（中宮が）お呼びになると、（右近が）参上した。

⑭
「これは翁まろか[36]」と見せさせ[37]たまふに、「似てはべるめれ[38]ど、[39]これは(31)**ゆゆしげに**こそはべるめれ[40]。また、『翁まろ』と呼べば、よろこびてまうで来るもの[41]を、呼べど[42]寄りて来《こ》ず。(32)**あらぬ**なめり[43]。『それは打ち殺して捨てはべりぬ[44]』とこそ申しつれ[45]。(33)**さる**者ども[46]の二人して[47]打たむに[48]は生きな[49]むや[50]」と申せば、(34)**心憂がら**せ[51]たまふ。

読解のヒント
◆ℓ40～45……犬を判別させる。右近の判定は、「似ているけれど」違うということ。「名を呼んでも来ない」「『打ち殺した』の報告があった」「ふたりで打っては生きられない」などの理由を中宮に申し上げる。

⑭
「これは翁まろか」と（中宮が犬を）見せなさると、（右近は）「似ておりますようですけれど、これは (31)［　　　　］様子でございますようです。また、『翁まろ』と呼べば、喜んでやって参りますのに、（この犬は）呼ぶけれど寄って来ません。(32)［　　　　］（犬）であるようです。『それ〔翁まろ〕は打ち殺して捨ててしまいました』と、（こらしめた者たちが天皇に）申し上げていました。(33)［　　　　］者たちがふたり一緒に打ちたたいたならそのような場合には生きていられるでしょうか、いやきっと生きられはしない（と思います）」と（中宮に）申し上げるので、（中宮は）(34)［　　　　］なさる。

7 枕草子

① ●きさらぎのつごもり(1)、風いたく(2)吹きて空いみじく(3)黒きに、雪すこしうち散りたるほど、黒戸(注)に主殿司《とのもりづかさ》きて、「かうして(注)さぶらふ」といへば、寄りたるに、「公任《きんたふ》(注)の宰相殿の」とあるを見れば、ふところ紙にただ、

② すこし春ある　ここちこそすれ

③ とあるは、げに(4)今日のけしき(5)にいと(6)よくあひたるを、「これが◂1本《もと》(注)はいかがつくべ◂2からむ◂3」と思ひわづらひ(7)ぬ◂4。

(注)黒戸＝清涼殿《せいりょうでん》の北廂《きたびさし》の西側の部屋。
(注)かうしてさぶらふ＝ごめんください。
(注)公任＝藤原公任《きんとう》。名歌人。
(注)本＝和歌の上句。

古文常識

●**きさらぎ**＝陰暦の二月。「如月」と書く。
＊『マドンナ古文常識』180～181ページ参照。

読解のヒント

◆ℓ1～2……風吹き、空暗く、雪が少し散る二月。
◆ℓ2～5……主殿司が公任殿の和歌（下句のみ）を届けに来た。
◆ℓ6～7……公任殿の下句は、今日の日にピッタリ。作者は上句を付けようと考える。ちなみに、上句と下句を別々の人が詠《よ》むのを「連歌《れんが》」という。

重要単語を訳してみよう！

＊答えは別冊14ページ

① 二月の(1)[　　　]、風が(2)[　　　]吹いて空が(3)[　　　]黒い（その上）に、雪が少し散っているころ、黒戸に主殿司がやって来て、「ごめんください」と言うので、（私が近くに）寄ったところ、「公任の宰相殿の（和歌です）」と言うのを見ると、懐紙にただ（下句だけが）、

② 少し春がある（春らしくなった）気がする

③ と（書かれて）あるのは、(4)[　　　]今日の(5)[　　　]に(6)[　　　]よく合っているので、「これ（下句）の上句はどのように付けるのがよいだろう」と思い(7)[　　　]しまった。

8 徒然草

① 「道心[1]あらば、住む所にしも[2]よらじ[3]。家にあり、人に交はるとも[4]、後世《ごせ》を願はん[5]に**かたかる**(1)べき[6]かは[7]」と言ふは、**さらに**(2)後世知らぬ[8]人なり。

② **げに**(3)は、この**世**(4)をはかなみ、必ず生死《しゃうじ》を出《い》でん[9]と思はん[10]に、なにの興ありてか[11]、朝夕、君に仕へ、家を顧みる営みのいさましからん[12]。

③ 心は縁にひかれて移るものなれば[13]、閑《しづか》ならでは[14]、道は**ぎゃうじ**(5)**がたし**(6)。

④ そのうつは物、昔の人に及ばず、山林に入りても、餓《うゑ》を助け、嵐を防ぐよすがなくてはあられ[15]ぬ[16]わざなれば[17]、**おのづから**(7)世をむさぼるに似たる事も、**たより**(8)に触れ[18]ば、などか[19]なからん[20]。

⑤ **されば**(9)とて、「**背ける**(10)**かひなし**(11)。**さ**(12)ばかりならば[21]、なじか[22]は**捨て**(13)し[23]」など言はん[24]は、**むげの**(14)ことなり。

⑥ **さすがに**(15)一《ひと》度《たび》道に入りて**世をいとは**(16)ん[25]人、たとひ望《のぞみ》ありとも[26]、いきほひある人の貪欲《どんよく》多きに似るべから[27]ず。

重要単語を訳してみよう！

＊答えは別冊15ページ

① 「もし仏道心があるなら、住む場所は関係ないだろう。家におり、人と交際していても、もし極楽往生《ごくらくおうじょう》を願う〔仏道を信仰する〕ならそのような場合に (1)［　　］(ことがある) だろうか、いやないはずだ」と言うのは、(2)［　　］来世〔仏教における極楽信仰〕を知らない人だ。

② (3)［　　］(のところ) は、この (4)［　　］をはかないものと考え、必ず生や死 (に悩まされる俗世) を抜け出そうと思うような場合に、何の興味があって、朝夕、君主に仕え、家を大切にする (日々の俗事の) 営みの気力が出るだろうか、いや (そんな気にはなれ) ないはずだ。

③ 心は周り (の環境) に引っ張られて移るものだから、(環境が) 静かでなければ仏道は (5)［　　］(ことは) (6)［　　］。

④ その器量〔今の人の度量〕は、昔の人 (の器量) に及ばず、たとえ山林に入って (静かな環境の中で隠遁《いんとん》して) も、飢えをしのぎ、嵐《あらし》を防ぐ (ような最低限の住まいをする) 手段がなくては (生活して) いられないことだから、(7)［　　］俗世をむさぼるに似たこと〔欲望らしきものが生まれること〕も、(8)［　　］に触れる〔何かのきっかけがある〕と、どうしてないだろうか、いやあるはずだ。

⑦ 紙の衾《ふすま》(注)、麻の衣、一鉢(注)の**まうけ**(17)、藜《あかざ》(注)のあつ物、**いくばく**(18)か◀28人の費《つひえ》をなさん。◀29

(注)衾＝布団・寝具。
(注)一鉢＝鉢一杯。わずかな食事のこと。
(注)**藜のあつ物**＝「藜」は雑草。「あつ物」は吸い物。雑草の吸い物とは、粗末な食事。

古文常識

● **道心** 198＝仏道心。

● **後世を願ふ** 192＝極楽往生を願う。

＊「後世」は「死後の世界」のこと。「来世」に同じ。仏教信者は、死後に極楽へ導かれることを信仰する。

読解のヒント

◆ℓ1～3……冒頭のセリフに対し、作者は「後世知らぬ人」と批判。対立する二つの考えを整理しよう。

◆ℓ4……極楽（後世）には「生」や「死」は存在しないから、「生死」は俗世（現世）のもの。逆に、「生死を出る＝俗世を出る」とは、極楽信仰に入ること。

◆ℓ5～6……「君主」や「家」は俗世に属す。信仰に入った者は、それらのものに「興」があるのかないのか。

◆ℓ7～8……仏道において「閑な」環境が大切なのかどうか、作者の意見をつかもう。

◆ℓ9……「山林に入る」とは、俗世を離れて「出家・隠遁する」こと。

◆ℓ9～12……出家人が「世をむさぼる」ことはあるのかないのか考えよう。

◆ℓ13～14……「 」の意見に作者は賛成なのか反対なのか。「むげの」の訳がポイント。

◆ℓ15……「望」とは、ここではどんな意味か。後文の文脈を見てみよう。

◆ℓ16……「いきほひある人」とは、出家人か俗世人か。「貪欲多き」がヒント。

◆ℓ17～18……「紙・麻・一鉢・藜（雑草）」は粗末なものの例。「費用」はかからない。質素な欲望ですむのは出家人。

⑤ (9)［　　　］と言って〔出《しゅっ》家《け》人《びと》に欲望があるからと言って〕、「（それでは）(10)［　　　］（ても）(11)［　　　］。(12)［　　　］くらい（の仏道心）なら、どうして(13)［　　　］たのか」などと言うようなのは、(14)［　　　］ことだ。

⑥ (15)［　　　］一度仏道に入って(16)［　　　］ような人は、たとえ欲望があるとしても、（俗世で）権勢のある人の貪欲さの多いのに（比べれば）似ても似つかないはずだ。

⑦ 紙の布団、麻の着物、鉢に一杯だけの（食事の）(17)［　　　］、藜《あかざ》の吸い物（など、出家人が欲しがるものが）、(18)［　　　］人の出費となろうか、いや（たいした）出費であるはずがない。

⑧求むるところは易《やす》く、その心はやく足りぬ◀30べし。

⑨かたちに恥づるところもあれば、(19)さは言へど、悪には疎く、善には近づくことのみぞ多き。

⑩人と生まれたらん◀31しるし(注)には、いかにもして(20)世をのがれん◀32事こそ(21)あらまほしけれ。

⑪ひとへにむさぼることを努《つと》めて、菩提《ぼだい》におもむかざら◀33ん◀34は、よろづの畜類に変はるところあるま◀35じくや◀36。

⑫大事を思ひ立たん◀37人は、去り(22)がたく、心にかからん◀38事の本意《ほい》(注)を遂げずして、(23)さながら捨つべ◀39きなり。

⑬「しばし。この事はてて」、「同(注)じくはかの事沙汰しおきて」、「(24)しかじかの事、人の嘲《あざけ》りや◀40あらん◀41、(25)ゆくすゑ難(注)なくしため(26)まうけて」、「(27)としごろもあれ(注)ばこそあれ。その事待たん◀42、ほどあらじ◀43。もの騒がしからぬ◀44やうに」など思はん◀45には、(28)え(29)さらぬ◀46事のみ(30)いとど重なりて、事の尽くる限りもなく、思ひ立つ日もあるべ◀47からず。

⑭おほやう人を見るに、少(注)し心あるきはは、皆この(31)あらまし

⑧（出家人が望み）求めるものは簡単（に手に入るの）であり、その心〔欲望〕はすぐにきっと満ちたりるだろう。

⑨僧形《そうぎょう》に恥じるところ〔僧の姿をして欲深いのは恥ずかしいという自制心〕もあるから、(19)［　　］は言っても〔少しの欲はあっても〕、悪には縁遠く、善には近づくことだけが多い。

⑩人間として生まれているのならそのような証拠には、なんとしてでも(20)［　　］ようなことこそ(21)［　　］。

⑪ひたすら（俗世の名誉や利益を）むさぼることに必死になって、悟りの境地に心を向けないならそのような人は、さまざまな畜生〔動物〕と変わるところはないのではないだろうか。

⑫（出家という）一大事を思い立つような人は、（心から）取り去ることが(22)［　　］、心にかかるようなこと〔俗事〕の目的を遂げ（ようとし）ないで、(23)［　　］捨てなければならないのである。

⑬「（もう）しばらく（出家を待とう）。この事が終わって（からにしよう）」、「同じことなら〔どうせ出家をするのなら〕、あの事を処置しておいて」、「(24)［　　］の事（を放って出家すると）、人の嘲りがあるだろうか、(25)［　　］非難されないように処置し(26)［　　］て」、「(27)［　　］も（の間、このようにして）何ごともなく過ごして

にてぞ一期《いちご》(注)は過ぐめる。◀48

(注)しるし＝この場合は「証拠」のこと。
(注)本意＝目的。ここは、果たし遂げたい俗事の目的のこと。
(注)同じくは＝どうせ同じことなら。
(注)難なく＝非難されないように。
(注)あればこそあれ＝何事もなく過ごしてきたのだ。慣用的な表現。
(注)少し心あるきは＝少しものの道理がわかっているという程度でしかない人。
(注)一期＝一生。

古文常識

● **菩提**194＝この場面では「悟《さと》りの境地」のこと。

読解のヒント

◆ℓ24……「むさぼる」は11行目の「世をむさぼる」に同じ。ガツガツすること。16行目の「貪欲」も同様。俗世に欲深く、「菩提（仏教の悟り）」が「ない」のは、「畜類」と同じ。22行目の「人と生まれ…」と対比関係。

◆ℓ26～27……「大事」は、前の文脈から考えて「出家」のこと。「去り…本意」の明確な意味がわからなくても、「…を遂げずして…捨つべき」の表現で〝俗事〟と判断する。(23)「さながら」は多義語。28～35行目の文脈がヒント。

◆ℓ28～33……四つの「　」がすべて「俗事をきちんとやり終えて出家しよう」という内容だとわかればよい。「この事はてて」「かの事…しおきて」「難なく…まうけて」「その事待たん」など、部分的に拾えばわかる。

◆ℓ34～35……(29)「さらぬ」は多義語。どのようなことが重なって出家を思い立つ日がなくなるのかを考える。

きたのだ。その事（を処置するの）を待とう、それほどの時間でもないだろう。慌《あわ》て騒がないように（しよう）」などと思うようでは、(28)(29)［　　　　］事ばかりが(30)［　　　　］重なって、（俗世の）用事の尽きる際限もなく、（出家を）決心する日もあるはずがない。

⑭一般に人を見ていると、少しものの道理がわかっているという程度でしかない人は、みなこの（ような）(31)［　　　　］で一生は過ぎるようだ。

9 徒然草

① 荒れたる宿(注)◀1の人目なきに、女の(1)憚《はばか》る(注)事あるころにて、(2)つれづれと籠《こも》りゐたるを、或《ある》人、とぶらひ給は◀2んとて、夕月《づく》夜《よ》の(3)おぼつかなきほどに、(4)忍《しの》びて尋ねおはしたるに、犬の(5)ことごとしくとがむれば、下衆女《げすをんな》の出《い》でて、「(6)いづくよりぞ」と言ふに、(7)やがて案内《あない》(注)せ◀3させて入《い》り給ひ◀4ぬ。

② 心ぼそげなる有様、「(8)いかで過ぐす◀5らん」と、(9)いと心ぐるし。

③ (10)あやしき板敷にしばし立ち給へ◀6るを、もてしづめたるけはひ◀7の若やかなるして、「こなた」と言ふ人あれば、たてあけ(11)ところせげなる遣戸《やりど》よりぞ入り給ひぬる。

④ 内のさまは、(12)いたく(13)すさまじからず、(14)心にくく、火はあなたにほのかなれ◀8ど、ものの綺羅《きら》(注)など見えて、俄《にはか》に◀9しもあら◀10ぬ匂《にほ》ひ、(15)いと(16)なつかしう住みなしたり。

⑤ 「門《かど》よくさして◀11よ。雨も◀12ぞ降る。御車《みくるま》は門の下に、御供の人はそこそこに」と言へば、「今宵《こよひ》ぞ安き(17)いはぬ◀13べかめる」とうちささめくも、忍びたれ◀14ど、ほどなければ、ほの(18)聞こゆ。

重要単語を訳してみよう！

＊答えは別冊18ページ

① 荒れている家で人目のない〔人の訪れのない〕ところに、（ある）女が（物忌《ものいみ》などで宮仕えを）(1)［　　　］ことのあるころなので、(2)［　　　］閉じ籠っているのを、ある人〔男〕が、訪問なさろうとして、夕月夜の（だれの顔だと）(3)［　　　］ときに、(4)［　　　］て（女を）訪ねていらっしゃったところ、犬が(5)［　　　］咎《とが》めるように（怪しんで）吠《ほ》えるので、下女《げじょ》が出てきて、「(6)［　　　］から（おいでですか）」と言う（その下女）に、(7)［　　　］取次ぎをさせてお入りになった。

② 心細そうな（住まいの）様子は、「(8)［　　　］（日々を）過ごしているのだろうか」と、（男は）(9)［　　　］心苦しい〔気の毒に思う〕。

③ (10)［　　　］板敷きに（男が）しばらく立っていると、落ち着いた気配で（しかも）若々しい声で、「こちらへ（どうぞ）」と言う人〔女房〕

㊟宿＝家。
㊟憚る事＝具体的には、物忌などのために宮仕えを控えて家にいること。
㊟案内＝取次ぎ。
㊟綺羅＝調度品の美しさ。

古文常識

●**物忌** 210＝凶日《きょうじつ》に悪運を避けるため家に籠《こも》って読経《どきょう》などをすること。
●**遣戸** 109＝出入り口に取り付けた扉。引き戸。

読解のヒント

◆ℓ1〜3……人目のない女の家に来る「或人」は、当時の常識から考えて男性である。昔は原則として通い婚で、人目につかない夕方から夜に男が来て、人目につかない夜明け前に帰る。この男は名前は出ていないが、敬語の使い方から、身分の高い男性。
◆ℓ4〜6……下女を置けるのだから、この家の女主人はそこそこの身分であるが、零落《れいらく》しているのか、「心細げな」住まいである。
◆ℓ7〜9……「こなた」と若々しい声で男を引き入れるのは、当時の常識から考えて、女主人に仕える女房。通い婚の男性を女性の部屋へ導くのは女房の役目だった。
◆ℓ10〜12……調度品の美しさや香の匂いから察して、この女主人は風流な人である。家の外が「心細げ」であったのに対し、中はセンスがいい。経済的に苦しいようだが、風流心はなくしていない。
◆ℓ13〜15……「今夜は安心」と、この家の使用人の声。男のいないふだんの心細い様子が察せられる。

があるので、開《あ》け閉《た》ての（11）［　　　　］引き戸から（男は）お入りになった。

④ 中の様子は（外に比べて）（12）［　　　　］（13）［　　　　］ということもなく、（14）［　　　　］、灯火は（部屋の）向こうのほうにほんのり（明るい程度）ではあるけれど、調度品の美しさなどが見えて、（来客のために）急に（薫《た》いたというの）ではない（香の）匂《にお》いが、（15）［　　　　］（16）［　　　　］ように（して）住んでいる。

⑤「門をよく〔きちんと〕閉めてしまいなさいよ。雨が降ったら大変だ。（男の乗ってきた）御車は門の下に、（男の）お供の人はどこそこに（休んでください）」と（女の家のだれかが）言うと、（ほかのだれかが）「今夜は安心して（17）［　　　　］ことができるようだ」とささやくのも、忍び声であるけれど、距離がないので、ほのかに（18）［　　　　］。

⑥ さて、このほどの事ども、細やかに(19)聞こえ給ふに、夜深き鳥も鳴きぬ。

⑦ (20)来しかた(21)行く末かけて(22)まめやかなる御物語に、このたびは鳥もはなやかなる声にうちしきれば、明けはなるるにやと聞き給へど、夜深く急ぐべき所のさまにもあらねば、少したゆみ給へるに、隙《ひま》白くなれば、忘れ(23)がたき事など言ひて立ち出で給ふに、梢《こずゑ》も庭もめづらしく青み(24)わたりたる●卯月《うづき》ばかりの曙《あけぼの》、(25)艶《えん》に(26)をかしかりしを思《おぼ》し出でて、桂《かつら》の木の大きなるが隠るるまで、今も見送り給ふとぞ。

古文常識

●**卯月**＝陰暦の四月。　＊『マドンナ古文常識』180～181ページ参照。

読解のヒント

◆ℓ17～21……男が女と夜明け近くまで親しく話し込んだ様子がうかがえる。「夜更けに急いで帰る場所ではない」とは、人目のない所（1行目）だから。少しくらい明るくなってもだれにも見咎《とが》められない。

◆ℓ24～25……「思い出し…今も見送る」の表現によって、1行目冒頭から24行目の「をかしかりし」までが男の過去の回想だったことがわかる。作者はまるで今のことのように書き進めておいて、24行目の「し」（過去の「き」）で一括して過去の話として時制をまとめている。

⑥ さて、（男が）このごろのことなどを、（女に）細やかに〔情をこめて〕(19)［　　　］なさるうちに、夜中の鶏〔一番鶏〕も鳴いてしまう。

⑦ (20)［　　　］(21)［　　　］にわたって(22)［　　　］お話（をなさるうち）に、今度は鶏も華やかな〔高い〕声でしきりに鳴くので、すっかり夜が明けきったのだろうかと（男は鶏の声を）お聞きになるけれど、（人目を気にして）夜の深いうちに急いで帰らなければならない場所の様子でもないので、少しゆっくりなさっていると、（戸の）隙間《すきま》が白むように〔明るく〕なってきたので、（女の心に）忘れることが(23)［　　　］ことなどを（男は）言ってお出かけになるときに、梢《こずえ》も庭（の草木）も心をひきつけるように(24)［　　　］青々と繁っている（その）四月ごろの明け方（の景色）が、(25)［　　　］(26)［　　　］たのを（のちに、男は）思い出しなさって、（そのあたりをのちのちお通りになるときには、女の家の庭の）桂《かつら》の大きな木が（視界から）隠れる〔見えなくなる〕まで、今でもお見送りになるということだ。

ピーピー
コケコッコー！

10 徒然草

① 悲田院の堯蓮上人《げうれんしやうにん》は、俗姓《ぞくしやう》は三浦の某《なにがし》とかや[1][2]、(1)さうなき武者なり。

② 故郷《ふるさと》の人の来《きた》りて物語すとて、「東人《あづまびと》こそ言ひつる事は頼まるれ[3]。都の人は、言《こと》受けのみよくて、誠なし」と言ひしを[4]、

③ 聖《ひじり》、「それは(2)さこそ思《おぼ》すらめ[5]ども[6]、おのれは都に久しく住みて、慣れて見はべるに、人の心劣れりとは思ひはべらず。(3)なべて、心柔らかに、情《なさけ》あるゆゑに、人の言ふほどのこと、(4)けやけく否《いな》び(5)がたくて、よろづ(6)え言ひ放たず、心弱く言受けしつ。偽せん[7]とは思はね[8]ど[9]、乏《とも》しく叶《かな》はぬ[10]人のみあれば、(7)おのづから、本意《ほい》通らぬ[11]事多かるべし[12]。東人は、わが方《かた》なれど[13]、(8)げには心の色なく情おくれ、ひとへにすくよかなるものなれば、はじめより否《いな》と言ひてやみぬ[14]。賑《にぎ》はひ豊かなれば、人には頼まるる[15]ぞかし[16]」と(9)ことわられ[17]はべりし[18]こそ、

④ この聖、声(注)うちゆがみ、あらあらしくて、聖教《しやうげう》のこまや

重要単語を訳してみよう！

＊答えは別冊21ページ

① 悲田院（という寺）の堯蓮《ぎょうれん》上人は、（出家前の）俗姓を三浦のだれそれとか（言って）、(1)［　　］武士である。

② ふるさとの人が（堯蓮上人のところに）来ておしゃべりして、「東国の人が言ったことは信頼できる。（京の）都の人は、（引き）受ける言葉だけがよくて、誠〔誠実さ〕がない」と、言ったところ、

③ 聖〔堯蓮上人〕は、「あなたは(2)［　　］お思いであろうけれども、私は都に久しく住んで、（都の人に）慣れて〔親しんで〕見ておりますと、（都の）人の心が（東国の人の心に）劣っているとは思いません。(3)［　　］（都の人は）心が柔和で、情け〔思いやり〕があるから、人の言う〔頼む〕ようなことを、(4)［　　］拒否することが(5)［　　］て、すべて言って突き放すことが(6)［　　］、気弱く言葉で（引き）受けてしまう。（都の人は）偽ろう〔だまそう〕とは思わないのだけれど、貧乏で叶わない〔思いどおりにいかない〕人ばかりであるから、(7)［　　］、本来の意図が通らない〔しようと思ったことをやり通せない〕ことが多いのだろう。東国の人は、私のほう〔同郷〕であるけれど、(8)［　　］は心の色合い〔繊細さ〕

かなることわり[10]、いと[11]わきまへずもやと思ひしに[19]、この一言の後、心にくく[12]なりて、多かる中に(注)寺をも住持《ちゅうぢ》せらるるは[20][21]、かく[13]やはらぎたるところありて、その益《やく》もあるにこそと覚えはべりし[22]。

(注)うちゆがみ＝なまる。聖に関東方言のなまりがあることをいう。
(注)多かる中に＝多くの僧がいる中で。

古文常識

●上人189＝高僧。
●聖189＝高僧。ここは、「上人」と同人物。

読解のヒント

◆ℓ1～5……堯蓮上人のところに同郷の人が来て、「東人は信頼できるが都人は誠がない」と言う。
◆ℓ6～15……聖（上人）は、6～11行目で都人の、12～14行目で東人の、それぞれの気質や事情を分析。同郷の人の表面的評価を諫《いさ》める。『徒然草』は鎌倉時代の作品。武士が台頭し、都の貴族は困窮していた。
◆ℓ16～20……東国武士出身の聖に対する作者の先入観は、この一言ののち、「心にくし」の評価に変わる。多くの僧たちがいる中で、聖が寺の住持職（管理職）に就いたのは、その柔和な美徳によるご利益《りやく》と、作者は感じる。
◆全文……聖も、もと武士。東国出身であることは、12行目の「東人は、わが方」でもわかるが、身びいきしない寛容で奥深い人間洞察に、その人柄がうかがえる。

がなく情け〔思いやり〕が薄く、ひたすらまっすぐ〔剛直〕な者だから、（頼まれてもできないことは）初めから「いやだ」と言って終わってしまう。（引き受けた場合でも、栄え）賑わい（経済的に）豊かだから（約束を果たせて）、人に信頼されるのだよ」と、(9)［　　］なさいました（それによって）、

④

（以前は）この聖は、声になまりがあり、荒っぽくて、仏典の細やかな(10)［　　］は、(11)［　　］理解もしていないのだろうかと思っていたのに、この一言を聞いた後では、(12)［　　］なって、多くの僧がいる中で寺を管理もなさるのは、(13)［　　］心の柔和なところがあって、そのご利益もあるからこそであると思われました。

11 徒然草

① 心なしと見ゆる者も、よき(1)一言いふものなり。

② ある荒夷《あらえびす》(注)◀1の恐ろしげなるが、かたへ(2)にあひて、「御子はおはすや◀2」と問ひしに、「一人も持ち侍《はべ》らず」と答へしかば、「さては、もののあはれ(注)は知り給はじ。情なき御心にぞものし(3)給ふらんと、いと(4)恐ろし。子故にこそ、万《よろづ》のあはれは思ひ知らるれ◀3」と言ひたりし、さ(5)もありぬ◀4べき事なり。

③ 恩愛(注)の道ならでは◀5、かかる(6)者の心に慈悲ありなん◀6や◀7。

④ 孝養の心なき者も、子持ちてこそ、親の志は思ひ知るなれ。

⑤ 世をすて(7)たる人の◀8、万に(注)するすみなるが、なべて(8)ほだし(9)多かる人の◀9、万にへつらひ、望《のぞみ》ふかきを見て、無下に(10)思ひ(注)くたすは僻事《ひがごと》(11)なり。

⑥ その人の心に成りて思へば、誠に、かなしから(12)ん◀10親のため、妻子のためには、恥をも忘れ、盗みもしつ◀11べき事なり。

⑦ されば(13)、盗人を縛《いまし》め、僻事(14)をのみ罪せん◀12よりは、世の人

重要単語を訳してみよう！

＊答えは別冊23ページ

① (ものの道理や情趣を解する)心がないと見える者でも、(1)［　　］一言は言うものである。

② ある荒々しい東国武士で恐ろしそうなのが、(2)［　　］に会って、「お子さんはいらっしゃいますか」と尋ねたときに、「ひとりも持っていません」と答えたところ、「それでは、(人の)すべての情愛はおわかりにならないでしょう。情のないお心で(3)［　　］なさるだろうと、(4)［　　］恐ろしい。子ども(を持つこと)によって(初めて)、すべての情愛は自然と思い知るのである」と言っていた、(それは)きっと(5)［　　］であるはずのことだ(と私も思う)。

③ 肉親の情愛の道でなくては、(6)［　　］者〔荒々しい東国武士〕の心に慈悲〔あわれみの心〕があるだろうか、いやあるはずがない。

④ 親孝行の心のない者も、子を持って(初めて)、親の気持ちがわかるのである。

⑤ (7)［　　］ている人で、血縁や親類のまったくないひとり身の人が、(8)［　　］(9)［　　］の多い人で、

の餓ゑず、寒からぬ◀13やうに、世(15)をば行は◀14まほしきなり。

㊟荒夷＝荒々しい東国武士。

㊟もののあはれ＝すべての情愛。

㊟恩愛の道＝肉親の情愛の世界。

㊟万にするすみなる＝血縁親類のまったくないひとり身の人。出家人が俗世の縁を絶った状態。

㊟思ひくたす＝軽蔑する。

読解のヒント

◆ℓ1……「心なしと見ゆる者」とは、あとの具体例の「荒夷」のこと。
◆ℓ5～6……「子故に…思ひ知らるれ」という荒夷の意見に対し、作者は「さもありぬべき」と賛成。冒頭の「よき一言」とは、この意見だとわかる。
◆ℓ7……「かかる者」とは、親子の情なしには慈悲を持ちそうにない「恐ろしそうな荒夷」。
◆ℓ10～15…家族と縁を切った出家人と、家族の多い俗世人の比較。後者が、親や妻子のためになんでもするのは、愛ゆえ。5～8行目の「万のあはれ」「恩愛」「親の志」に文脈が通じる。
◆ℓ16～17……話は政治に発展する。

何かにつけて（人に）へつらい、欲望が深いのを見て、⑽［　　］軽蔑するのは⑾［　　］である。

⑥ その人の心になって思うと、本当に、⑿［　　］親のため、妻子のためには、恥をも忘れ、盗み（さえ）もきっとするに違いないことである。

⑦ ⒀［　　］、盗人を縛り、⒁［　　］をばかり罪とする〔罰する〕よりは、世の中の人が飢えず、（また）寒くないように、⒂［　　］を行ってほしいものである。

⑧ 人、恒《つね》の産なき時は、恒の心なし。人、きはまりて盗みす。

⑨ **世**(16)治らずして、凍餒《とうたい》の苦しみあら[15]ば、**とが**(17)の者絶ゆべ[16]からず。

⑩ 人を苦しめ、法を犯さし[17]めて、それを罪なはん[18]事、**不便**(18)のわざなり。

⑪ さて、いかがして人を恵むべ[19]きとならば、上の奢《おご》り費す所をやめ、民を撫で農を勧《すす》めば、下に利あらん[20]事、疑ひあるべ[21]からず。

⑫ 衣食尋常《じんじやう》なる上に**僻事**(19)せん[22]人をぞ、まことの盗人とはいふべ[23]き。

読解のヒント

◆ℓ18～22……困窮したがための犯罪は、人民を苦しめている政治が悪い、ということ。

◆ℓ23～25……人民に恩恵を与える政治とは、という方法論に話が進む。

⑧ 人は、一定の財産がないときには、一定の〔安定した〕心もない〔ものである〕。人は、〔貧しさ〕極まって〔せっぱつまって〕盗みをする。

⑨ (16)[　　　]が〔うまく〕治まらなくて、〔人々に〕凍えと飢えの苦しみがもしあるなら、(17)[　　　]の者が絶えるはずがない。

⑩ 〔悪い政治が〕人を苦しめ、法を犯させて、それを罪にする〔罰する〕ようなことは、(18)[　　　]ことである。

⑪ ところで、どのようにして人民に恵みを与えるのがよいかというならば、上に立つ者が贅沢《ぜいたく》や浪費をやめ、人民をかわいがり農業を奨励すれば、下々の者に利益があることは、疑いのあるはずがない。

⑫ 衣食がふつう〔世間並み〕である上に(19)[　　　]をするような人を、本当の盗人と言わなければならない。

12 徒然草

① 「園《その》(注)の別当《べったう》入道《にふだう》は、さうなき(1)庖丁者《はうちゃうじゃ》なり。ある人のもとにて、いみじき(2)鯉を出《い》だしたりければ、皆人、『別当入道の庖丁を見ばや◀1』と思へども◀2、たやすくうち出でんも◀3いかが』とためらひけるを、別当入道さる(3)人にて、『この程百日(注)の鯉を切り侍《はべ》るを、今日欠き侍《はべ》るべき◀4にあらず。まげて申し請けん◀5』とて切られける◀6。いみじく(4)つきづきしく(5)興ありて、人ども思へりける」

② と、ある人、北山(注)太政《だいじゃう》入道殿に、語り申されたり◀7ければ、

(注)園の別当入道＝藤原基氏《もとうじ》。
(注)百日の鯉＝修行のため、百日の間、毎日続けて鯉の料理をすること。
(注)北山太政入道殿＝西園寺《さいおんじ》実兼《さねかね》。

読解のヒント

◆ℓ4……「さる人」とは具体的にはどういう人か。前文（ℓ2～4）で人々が「包丁さばきを見たいけれどためらっている」こと、後文（ℓ6）で別当入道が「鯉を切った」ことを考え合わせると、「人の気持ちを察する人」とわかる。

◆ℓ5……「欠かせない」のは、百日修行のノルマ。

◆ℓ7～8……別当入道の行為を「人ども」は「興あり」と評価。それを北山入道に話した「ある人」も、同意見と思われる。

重要単語を訳してみよう！

＊答えは別冊25ページ

① 「園の別当入道《にゅうどう》〔藤原基氏〕は、(1)＿＿＿包丁使いのうまい人〔料理の名人〕である。ある人のところで〔寄り合いがあり〕、(2)＿＿＿鯉を出したので、〔場に居合わせた〕みなが、『別当入道の包丁さばきを見たい』と思ったけれども、『たやすく〔軽々しく〕口に出すようなのもどうか』とためらっていたところ、別当入道は(3)＿＿＿人〔相手の気持ちを察する気のきく人〕で、『このところ〔毎日〕百日修行の鯉を切っておりますので、今日〔その修行を〕欠くことはできません。曲げて〔私のほうから無理に〕お願い申し上げて〔料理を〕引き受けましょう』と言ってお切りになった。〔それは〕(4)＿＿＿〔その場に〕(5)＿＿＿おもしろみがあって、〔すばらしいと〕人々は思った」

② と、ある人が、北山太政《だいじょう》入道殿〔西園寺実兼〕に語り申し上げなさったところ、

③「かやうの事おのれは、よにうるさく(6)覚ゆるなり。『切りぬ[8]べき人なく[9]ば、給《た》べ(注)。切らん[10]』と言ひたらん[11]は、なほ(7)よかり(8)なん[12]。何でふ(9)、百日の鯉を切らんぞ[13]」

④とのたまひたりし[14]、をかしく(10)覚えし[15]と人の語り給ひける、いと(11)をかし(12)。

⑤おほかた(13)、ふるまひて興あるよりも、興なくて安らかなるが、まさりたる事なり。

⑥客人《まれびと》の饗応なども、ついで(14)をかしき(15)やうにとりなしたるも、まことによけれ(16)ども[16]、ただそのこととなくて取り出でたる、いと(17)よし(18)。

⑦人に物をとらせたる[17]も、ついで(19)なくて、「これを奉《たてまつ》らん[18]」と言ひたる、まことの志なり。惜しむよしして請はれ[19]ん[20]と思ひ、勝負の負けわざにことづけなどしたる、むつかし(20)。

(注)給べ＝給《たま》へ。「給ふ」の命令形が濁音化したもの。

③「このようなこと〔別当入道が百日修行にかこつけたやり方〕は私には、たいへん (6)[　　] 思われるのである。『きちんと切ることのできる人がもしいないなら、ください。切ろう』ともし〔別当入道が〕言っていたらそのような〔やり方の〕ほうが、きっと (7)[　　] (8)[　　] だろう。(9)[　　]、百日の鯉を切ろう〔と言う必要があるの〕か、いやそんな必要はない」

④と〔北山入道殿が〕おっしゃったのは、(10)[　　] 思われたと人が語りなさったのは、(11)[　　] (12)[　　]〔と私も思う〕。

⑤(13)[　　]、趣向をこらしておもしろみがあるよりも、おもしろみがなくて〔もいいから〕心安らかな〔自然であっさりしている〕のが、まさっていることだ。

⑥客人の食事の応対〔もてなし〕なども、〔相手の来訪の〕(14)[　　] を (15)[　　] ように取り扱ったのも、本当に (16)[　　] けれども、ただそれとなく〔食事を〕取り出したのが、(17)[　　] (18)[　　]。

読解のヒント

◆ℓ9～11……ある人の話を聞いた北山入道は、別当入道のやり方を「うるさし」と否定。「百日の鯉を切らん」という言い方を厳しく批判する。

◆ℓ12～13……「人の語り給ひける」内容は、冒頭1行目から12行目「をかしく覚えし」までのすべて。この「人」が、別当入道に関するある人と北山入道のやりとりを語り、「をかしく覚えし」と自分の感想を述べた。それに対して、同じく「いとをかし」と意見するのは作者。

◆ℓ14～15……第2段落（ℓ14～22）は作者の意見。「興あるよりも、興なくて安らかなるが、まさりたる」が結論。別当入道の行為を人々やある人が「興あり」と考えたことと重ねると、作者はこれに反対らしい。つまり、北山入道に賛成であり、北山入道の意見を「をかし」とした「人」に賛成する立場である。

◆ℓ16～22……14～15行目の結論の具体例。客人へのごちそうの出し方と、人に物を贈る贈り方の二つのケースで、それぞれ優れた例と劣った例をあげる。劣った例は結論14～15行目の「ふるまひて興ある」の例、優れた例は「興なくて安らかなる」の例である。

⑦ 人に物を取らせているのも、（これといった）⑲［　　　］もなくて、「これをさしあげましょう」と言ったのが、本当の気持ち（好意）である。惜しむふりをして（相手から）ほしがられようと思い（演出を施したり）、勝負事の負けの賞品にかこつけなどして（人に物をあげたりして）いるのは、⑳［　　　］。

13 玉勝間

①常に教へ◀1られ◀2しは、後《のち》に良き考への出《い》できたらん◀3には、必ずしも師の説に(1)たがふとて、(2)(3)なはばかりそとなむ教へ◀4られ◀5し。

②こは(4)いと尊き教へにて、我(注)が師の、よに優《すぐ》れ◀6給へ◀7る一つなり。

③(5)おほかた、古《いにしへ》(注)を考ふること、(6)さらに一人二人の力もて、ことごとく(7)あきらめつくすべ◀8くもあらず。…〈中略〉…。

④(8)あまたの手を経《ふ》るままに、さきざきの考への上を、(9)なほよく考へ究《きは》むるからに、つぎつぎに詳《くは》しくなりもてゆくわざなれば、師の説なりとて、必ずなづみ守る◀9べきにもあらず。

⑤(10)よき(11)あしきをいはず、ひたぶるに古きを守るは、学問の道には、(12)いふかひなきわざなり。

⑥またおのが師などの(13)わろきことを言ひあらはすは、(14)いとも(15)かしこくはあれど◀10、それも言はざ◀11れば、世の学者その説に(16)惑ひて、長く(17)よきを知る期《ご》なし。

重要単語を訳してみよう！

＊答えは別冊27ページ

①（私が先生から）常に教えられたことは、「あとに良い考えがもし出てきたらそのような場合には、必ずしも先生の学説と (1)□ （から）といって (3)□ (2)□ 」と教えられた。

②これは (4)□ 尊い教えであって、私の先生が、まことに優れていらっしゃる（点の）一つである。

③ (5)□ 、古典を考察することは、 (6)□ ひとりやふたりの力で、ことごとく〔全部を〕 (7)□ 尽くすことなどできるものではない。…〈中略〉…。

④ (8)□ の（学者の）手を経て行くうちに、まえまえの考え〔先人の研究〕の（さらに）上を、 (9)□ よく考え究《きわ》めるから、次々に詳《くわ》しく（解釈されるように）なっていくものであるから、先生の説だ（から）といって、必ずこだわり守らなければならないというのでもない。

⑤（説の） (10)□ (11)□ を言わないで、ひたすらに

⑦ 師の説なりとして、わろき(18)を知りながら、言はず包み隠して、よさまに繕《つくろ》ひをらん◀12は、ただ師をのみ尊みて、道をば思はざ◀13るなり。

(注)我が師＝賀茂真淵《かものまぶち》。江戸時代の国学者。作者・本居宣長《もとおりのりなが》の師。
(注)古＝古典。

読解のヒント

◆ℓ1～5……「我が師」の教えを、重要単語を中心に正しくとらえよう。「尊き教へ」というのだから、作者も師と同意見。

◆ℓ6～11……少数の力では古典の考察はできない。先の説の上を追究して詳《くわ》しくなる。逆に言うと、ひとりで完璧はあり得ない。師も例外ではない。

◆ℓ12～16……師の説や古い説を必ず守るというのは、学問とは言えない。

◆ℓ17～19……言うべきことを言わないのは、師のみ尊び、学問の道を軽んじることだ。

古い説を守るのは、学問の道においては、(12)［　　］ことである。

⑥ また、自分の先生などの（学説の）(13)［　　］ことを言い表す〔公表する〕のは(14)［　　］(15)［　　］はあるけれど、それも言わなければ、世の中の学者がその（間違った）説に(16)［　　］て、長く〔いつまでも〕(17)［　　］説を知る時期〔機会〕がない。

⑦ 先生の説であるとして、(18)［　　］のを知りながら、言わずに包み隠して、よいように取り繕ったらそのようなのは、ただ先生だけを尊んで、（学問研究の）道（の重要性）を考えていない（ことになる）のである。

14 玉勝間

①兼好法師(注)がつれづれ草に、花は盛りに、月は**くまなき**(1)をのみ見るものか▼1はと言へる▼2はいかにぞや▼3、古《いにしへ》の歌どもに、花は盛りなる、月は**くまなき**(2)を見たるよりも、花の下《もと》には風を**かこち**(3)、月の夜は雲を嫌《いと》ひ、あるは待ち惜しむ心づくしをよめるぞ多くて、心深きも**ことに**(4)**さる**(5)歌に多かるは、みな花は盛りをのどかに見まほし▼4く、月は**くまなから**(6)む▼5ことを思ふ心の**せちなる**(7)からこそ、**さ**(8)も**え**(9)あらぬ▼6を嘆きたるなれ。

②**いづこ**(10)の歌にかは▼7、花に風を待ち、月に雲を願ひたるはあらむ▼8。

(注)兼好法師＝吉田兼好《けんこう》。『徒然草』の作者。

重要単語を訳してみよう！

＊答えは別冊29ページ

①兼好法師が（その著である）『徒然草』に、「（桜の）花は真っ盛りに、月は(1)＿＿＿＿のをだけ見るものか、いやそうではない」と言っているのはどうであろうか、昔の和歌などに、花は満開であるの（を）、月は(2)＿＿＿＿のを見ている（のを詠《よ》んだ和歌）よりも、花の下では風（の吹くの）を(3)＿＿＿＿、月の夜は雲を嫌がり、あるいは（花の咲き、月の出るのを）待ち（花の散り、月の入るのを）惜しむ心づかいを詠んだのが多くて、情趣の深いのも(4)＿＿＿＿(5)＿＿＿＿和歌に多いのは、（逆に言うと）みな花は真っ盛りをのどかに見たく、月は(6)＿＿＿＿ようなことを思う心が(7)＿＿＿＿からこそ、(8)＿＿＿＿（願いどおりに）も(9)＿＿＿＿のを嘆いているのである。

②(10)＿＿＿＿の和歌に、花に風（が吹くの）を待ち、月に雲（がかかるの）を願っているのがあるだろうか、いやそんな和歌はない。

読解のヒント

◆ℓ1〜2……兼好は『徒然草』で「花も月も完全な状態だけを見るものではない」という。本文の作者・本居宣長《もとおりのりなが》はこれを疑問視。

◆ℓ2〜10……作者は「古い和歌には、確かに花や月の不完全な状態の歌が多く、趣も深い」と、兼好の意見が正しいかに思える発言をする。が、「完全な状態」を望むからこその嘆きを詠んだのであって、好んで不完全を願うのではない、と深い考察を見せる。

むかし昔…
じゃぽんと云ふ
くにがあったとさ
Books

第3章

説話

発心集〔⑮〕

十訓抄〔⑯〕

15 発心集

①西行《さいぎやう》法師出家しける時、跡をば弟なりける男に言ひ付けたりけるに、いとけなき(1)女子の◀1ことに(2)かなしうし(3)けるを、さすがに(4)見捨てがたく(5)、「いかさまにせむ◀2」と思へども◀3、うしろやすかる(6)べき◀4人も覚えざりければ◀5、なほ(7)この弟のぬしの子にしていとほしみすべき◀6よし(8)、ねんごろに(9)言ひ置きける。

②かくて(10)、ここかしこ修行してありく(11)ほどに、はかなく(12)て二、三年になりぬ◀7。

③ことのたより(13)ありて、京の方へめぐり来たりけるついで(14)に、ありし(15)この弟が◀8家を過ぎけるに、きと思ひ出《い》でて、「さても、ありし(16)子は五つばかりにはなりぬらむ◀9、いかやうにか◀10生《お》ひなりたるらむ◀11」と、おぼつかなく(17)覚えて、「かく(18)」とは言はねど◀12◀13、門《かど》のほとりにて見入れけるをりふし、この娘、いと(19)あやしげなる(20)帷《かたびら》(注)姿にて、下衆《げす》の子供に交りて、土にをりて、立蔀《たてじとみ》の際《きは》にて遊ぶ。

④髪はゆふゆふと肩のほどにおびて、かたちもすぐれ、た

重要単語を訳してみよう！

＊答えは別冊30ページ

①西行《さいぎょう》法師が出家《しゅっけ》したとき、（自分が出家した）あとのことを弟であった男に言いつけていたのだが、(1)［　　］女の子で(2)［　　］(3)［　　］ていたの〔娘〕を、(4)［　　］見捨てることが(5)［　　］て、「どのようにしよう」と思うけれども、(6)［　　］（して娘を任せることの）できる人も思いつかなかったので、(7)［　　］この弟の子〔養女〕にしてかわいがってくれ(8)［　　］を、（弟に）(9)［　　］言い置いた。

②(10)［　　］て、（西行が）あちこち修行して(11)［　　］うちに、(12)［　　］二、三年になった。

③（何か）ことの(13)［　　］があって、（西行が）京のほうへまわって来た(14)［　　］に、(15)［　　］この弟の家（の前）を通り過ぎたときに、すぐに思い出して、「それにしても〔それはそうと〕、

のもしき様なるを、「それよ」と見るに、きと胸つぶれて、いと(21)くち(22)をしく見立てるほどに、この子のわが方を見おこ(23)せて「いざ(24)なむ。聖《ひじり》のある、恐ろしきに」とて、内へ入《い》りにけり。

(注)帷＝麻の単衣《ひとえ》（裏地のない着物）。

古文常識

●**立蔀**111＝格子《こうし》の裏に板を張った建具。この場合は、庭先に立てた目隠し用の立て板。

●**聖**189＝高僧。ここは子どものセリフなので「お坊さん」という程度。

読解のヒント

◆ℓ2～3……「女の子（娘）を見捨てる」とは、この場合は出家して俗世の血縁を切ること。出家は俗世のすべてを捨てなければならない。

◆ℓ4～6……娘を弟の養女にすることにした。

◆ℓ10～13……弟の家の前を通り過ぎるときに、預けた娘のことを思い出し、覗いてみた。「かくとは言はね」の具体的内容は、父親だとは言わないということ。

◆ℓ16～18……娘のかわいい姿を「それよ」と見る。西行は二、三年娘を見ていないのだから、「おそらくその子が娘だ」と見当をつけたのである。「胸つぶれ」は、この場面では、愛しさがこみあげて胸がいっぱいなのだろう。しかし、名乗れず、貧しい姿を見ているしかない。その気持ちが「くちをしく」に表れている。

◆ℓ18～20……この子（娘）のセリフは、一緒に遊んでいる子どもに対する言葉。実の父とは知らず、怖がって家の中に入ってしまう。西行の心中を思うとかわいそうであるが、出家とはこれほどまでに厳しいもの。血縁とはいえ、俗事に気を奪われてはならないのだ。

(16)＿＿＿子は五つぐらいにはきっとなっているだろう、どのように成長しているだろうか」と(17)＿＿＿思われて、「(18)＿＿＿」とは言わないけれど、（弟の家の）門のあたりで（中を）覗《のぞ》いていたちょうどそのとき、この娘が、(19)＿＿＿(20)＿＿＿麻の単衣姿で、身分の低い子どもに交じって、土（のところ）に下りて、立蔀のそばで遊んでいる。

④髪はゆったりと肩のあたりにかかって、顔かたちも優《すぐ》れ、頼もしい〔将来が楽しみな〕様子であるのを、「それだ〔その子が私の娘だ〕」と（思って）見ているうちに、急に胸がいっぱいになって、(21)＿＿＿(22)＿＿＿（思って）見て立っていると、この子が自分のほうを見て（目線を）(23)＿＿＿て、「(24)＿＿＿（家に入ろう）。お坊さんがいるのが、恐ろしいから」と言って、（家の）中に入ってしまった。

16 十訓抄

① われその能有りと思ふとも[1]、人(注)に許され[2]、世に所置かる[3]る程の身ならずして、人のしわざを褒《ほ》めん[4]とせん[5]事も、いささか**用意**(1)すべ[6]きものなり。

② 三《み》河《かは》守《のかみ》知房《ともふさ》が所詠の歌を伊家《これいへ》の弁感嘆《かんたん》して、「**優に**(2)詠《よ》み[7]たまへり」といひけるをば[8]腹立して、「詩を作ることは**かたき**(3)にあらず。和歌のかたは頗《すこぶ》る彼には劣れり。是《これ》によりて**かく**(4)のごと[9]くいはる[10]、尤《もっと》も奇怪なり。今より後和歌を詠むべ[11]からず」といひけり。

③ 優の詞《ことば》も事によりて斟酌《しんしゃく》すべ[12]きにや[13]。

④ 是はまされる[14]が褒めけるをだに[15]、からく咎《とが》めけり。

⑤ 況《いは》[15]んや、劣れら[16]ん身にて褒美《ほうび》、**なかく〵**(5)**かたはらいたかる**(6)べ[17]し。

⑥ 人の善をもいふべ[18]からず。況[19]んやその悪をや[19]。

⑦ 此の心神妙なり。

(注)人に許され、世に所置かるる＝人に認められ、世間に高く評価される。

重要単語を訳してみよう！

＊答えは別冊33ページ

① 自分はその（道にかけては）才能があると思っても、人に認められ、世間に高く評価される程の身でなくては、人のしたことをほめようとするようなことも、少し (1)［　　］しなければならないものである。

② 三河の国守知房が詠んだ歌を伊家《これいえ》の弁が感嘆して、「(2)［　　］詠んでいらっしゃる」と言ったのを（知房が）立腹して、「漢詩を作ることは (3)［　　］ことではない。（しかし）和歌のほうはかなり彼〔伊家〕には劣っている。これによって〔私のほうがへたなのに〕(4)［　　］ように（ほめて）言われるのは、はなはだ奇妙だ〔ばかにされたのだろう〕。今からのち（私は二度と）和歌を詠まないつもりだ」と言った。

③ 優（れていると）のほめ言葉もことによって〔場合によって〕考慮しなければならないのではないか。

④ これ〔知房と伊家の例〕はまさっている人がほめたのをさえ、（相手は）ひどく非難した。

⑤ まして、劣っているような身で（より優《すぐ》れている相手を）ほめるのは、(5)［　　］(6)［　　］はずだ。

⑥ 人の良い点をも（軽々しくほめて）言わないほうがよい。まして、その悪い点を（批判するのは）なおさらである。

古文常識

●守 79＝地方国の長官。「国守」のこと。「三河」は現在の愛知県。
＊『マドンナ古文常識』100〜101ページ参照。

読解のヒント

◆ℓ1〜3……能力を自負していても、達人でなければ、人をほめるな。
◆ℓ4〜8……ほめて失敗した具体例。「和歌のうまい伊家の弁が、へたな自分の歌をほめるのは変だ」と知房は立腹。バカにされたと勘違いする。
◆ℓ9〜14……上手な人がほめても失敗。まして、劣る人がほめるのは絶対ダメ。批判はなおさらである。

⑦ この心がけはすばらしく感心なことである。

第4章

歴史・軍記

栄華物語〔⑰〕

増鏡〔⑱〕

平家物語〔⑲〕

17 栄華物語

① 日の出《い》づるほどに、この殿(注)うせ(1)給◀1へりとて、大殿(注)より多くの人を分《あか》ちて求め奉《たてまつ》ら◀2せ給ふに、皮の聖《ひじり》(注)のもとにて出家《しゅっけ》し給へ◀3るといふことを聞《きこ》し召して、いみじ(2)と思《おぼ》し召して、皮の聖を召しに遣はしたるに、かしこまりてとみに(3)も参らず。

② 「いと(4)あるまじ◀4きことなり。参れ参れ」とたびたび召され◀5て、参りたれば、殿の御前泣く泣く有様問はせ◀6給◀7へば、

③ 聖の申しし◀8やう、「宣《のたま》はせし◀9さま、かうかう。いと(5)ふびんなる(6)ことをつかまつり(注)て、かしこまり申し侍《はべ》る」と申せば、

④ 「など(7)てか◀10と(8)もかく(9)も思はん◀11。聖なさずとも◀12、さ(10)ばかり思ひ立ちては止《とど》まる◀13べきことならず。いと(11)若き心地に、ここら(12)の中を捨てて、人知れず思ひ立ちける、あはれなり(13)けることなりや◀14。我が心にも勝りてありけるかな◀15」とて、山へ急ぎ登らせ◀16給ふ。

重要単語を訳してみよう！

＊答えは別冊35ページ

① 日の出るころに、この殿〔顕信〕が(1)［　　］なさったと言って、大殿〔道長〕から（のご命令で）多くの人を手分けして（顕信殿を）探し求め申し上げなさったところ、皮の聖〔皮堂の高僧〕のところで（顕信殿が）出家なさったということをお聞きになって、（道長殿は）(2)［　　］とお思いになって、皮の聖をお呼びに（なるために使者を）遣わしなさったが、（皮の聖は）恐縮して〔道長殿が畏《おそ》れ多くて〕(3)［　　］も参上しない。

② 「(4)［　　］あってはならないことだ。参上せよ参上せよ」とたびたび（皮の聖は道長殿から）お呼び出しをされて、参上したところ、殿〔道長〕が泣く泣く（顕信殿の出家の）有様を問いなさるので、

③ 聖が申し上げたことには、「（顕信殿が）おっしゃったことは、こうこう（でした）。(5)［　　］(6)［　　］ことをし申し上げて、恐縮し申し上げております」と申し上げると、

④ 「(7)［　　］(8)［　　］も(9)［　　］も思うだろうか、いや思ったりしない。聖が（顕信殿の出家の儀を）しなくても、(10)［　　］ほど（出家を）決心していては（思い）止《とど》まるは

(注)**この殿**＝藤原道長《みちなが》の子。藤原顕信《あきのぶ》。
(注)**大殿**＝藤原道長。
(注)**皮**＝皮堂という寺。
(注)**つかまつり**＝この場合は「する」の謙譲語で、「し申し上げる」。

古文常識

● 聖 189 ＝高僧。

読解のヒント

◆ ℓ1～2……息子が「うせ」たので、道長が多くの人に探させる。
◆ ℓ2～5……皮の聖のところで出家したとの情報が入る。道長は聖を呼ぶが、道長に黙って息子を出家させたので、畏れ多くて聖は来ない。
◆ ℓ6～7……再三の呼び出しに、聖はやっと参上する。泣いて息子の様子を問う道長。
◆ ℓ8～9……聖は顕信殿のおっしゃったことを報告すると同時に、自分のしたことを恐縮する。
◆ ℓ10～13……道長のセリフ。息子の出家、および出家を助けた聖に対し、どういう態度をとっているか。「聖でなくても、止まることではない」「私の心に勝る」などの表現から、出家を認め、聖を許していることがわかる。

ずのことではない。(11)［　　　　］若い心で、(12)［　　　　］の（俗世の人間関係の）中（にいること）を捨てて、人知れず決心したのは、(13)［　　　　］ことであるなあ。私の心にも勝っていることだなあ」と言って、（道長殿は顕信殿の出家なさった）山へ急いでお登りになる。

18 増鏡

①この千五百番の歌合《うたあはせ》の時、院(注)の上のたまふやう、「此度《こたみ》はみな世(注)に許《ゆ》りたる古き道の者どもなり。宮内《くない》(注)は**まだしかる**(1)▼1べけれ▼2ども、**けしうはあらず**(2)と見ゆ▼3めればな▼4ん。**かまへて**(3)まろ(注)が面《おもて》起こすばかり、よき歌つかうまつれよ」とおほせ▼5らるるに、面うち赤めて、涙ぐみてさぶ▼6らひける**けしき**(4)、**あはれに**(5)ぞ見えける。

②さてその歌、いづれもとりどりなる中に、

③薄く濃き　野辺《のべ》の緑の　若草に
跡まで見ゆる　雪のむら消え

④草の緑の濃き薄き色▼7にて、去年《こぞ》のふる雪の遅く**とく**(6)消えけるほどを、推《お》し量《はか》りたる心ばへなど、**まだしからん**(7)▼8人は、**いと**(8)思ひより**がたく**(9)▼9や。

(注)院の上＝後鳥羽院。歌合の主催者。
(注)世に許りたる＝世が認めている。
(注)宮内＝宮内卿《くないきょう》の君。若齢の歌人。
(注)まろが面起こすばかり＝私の名誉になるほど。

重要単語を訳してみよう！

＊答えは別冊37ページ

① この千五百番の歌合《うたあわせ》のときに、後鳥羽院が(宮内卿の君に)おっしゃったことは、「この度(の歌合の参加者)は、みな世間が認めている古い(和歌の)道の者〔老練の歌人〕たちである。宮内卿は(1)＿＿＿＿であろうけれども、(2)＿＿＿＿と見える〔思われる〕ようなので(参加させる)。(3)＿＿＿＿(推薦した)私の名誉になるほどの、よい歌を(私のために)詠《よ》み申せよ」とおっしゃると、(宮内卿はうれしさに)顔を赤らめて、涙ぐんで(院のおそばに)お控えしていた(その)(4)＿＿＿＿は、限りなく(和歌が)好きだという程度〔熱心さかげん〕も、(5)＿＿＿＿見えた。

② さてその(歌合のときの参加者の)歌は、どれもそれぞれ(趣のある歌)だった(その)中に(宮内卿の次の歌があった)、

③ (ある所は)薄く、(ある所は)濃い野辺の緑の若草(の色)に、(雪の消え具合の)跡までが見える(去年の雪の)むら消え〔まだらに消えた様子〕であるなあ。

④ 草の緑の濃い薄い色によって、去年の降った雪が(ある所は)遅く(ある所は)(6)＿＿＿＿消えた(その消え具合の)程度を、推量した趣

古文常識

●**歌合**168＝左右二組に分かれた歌人が和歌の優劣を競う催し。

読解のヒント

◆ℓ1～2……「みな世間に認められた古い道の者」とは、歌合の参加者全員がベテラン歌人だ、ということ。「宮内卿」は(注)によると若齢の歌人。

◆ℓ4～6……主催者の院が「よい歌を詠めよ」と励ます相手は、唯一の新人歌人・宮内卿だろう。これによって、宮内卿が特別に参加を許されたことがわかる。「顔を赤らめ涙ぐむ」のは、うれしさで胸がいっぱいの宮内卿。よほどの「歌好き」と見える。

◆ℓ7～12……多くのベテラン歌人たちの歌の中で、8～9行目でわざわざ読者に紹介するのは宮内卿の歌であろう。へたな歌なら紹介はしない。うまい歌だったのだ。どんなふうにうまいのか、重要単語を訳して考えてみよう。

向など、(7)［　　］ような人は、(8)［　　］思い

つくことが(9)［　　］（だろう）よ。

19 平家物語

平家を倒そうとする陰謀が発覚し、首謀者のひとり、大納言藤原成《なり》親《ちか》が、入道相国《にゅうどうしょうこく》平清盛の西八条邸に連行されて来た。言い逃《のが》れをしようとする成親に、清盛は共犯者の白状文を読んで聞かせた。

①「あな(1)憎[1]や[2]、この上をば何[3]と陳ずべき[4]」とて、大納言の顔にさつと投げかけ、障子をちやうどたててぞ出《い》でられ[5]ける。

② 入道《にふだう》なほ(2)腹を据ゑかね(3)て「常遠《つねとほ》、兼康《かねやす》」と召せば、瀬尾《せのをの》(注)太郎《たらう》、難波《なんばの》(注)次郎《じらう》参りたり。

③「あの男、取つて、庭へ引き落とせ」とのたまへば、これらはさうなく(4)もし奉《たてまつ》らず、かしこまつて、「小松殿(注)の御気色(5)、いかが候《さうら》は[6]んずらん[7]」と申しければ、

④ 入道相国、大きに怒つて、「よしよしおのれらは、内府(注)が[8]命《めい》をば重うして、入道が[9]仰せをば軽う[10]しけるごさんなれ(6)。その上は力及ばず」とのたまへば、

⑤ この事あしかり(7)[11]なんとや[12]思ひけん[13]、二人の者ども立ち上がつて、大納言を庭へ引き落とし奉る。

重要単語を訳してみよう！

＊答えは別冊39ページ

①「(1)［　　　］憎いことだ。この上はなんと言い開きできようか、いやできまい」と〔清盛は〕言って、大納言〔成親〕の顔に〔共犯者の白状文を〕さっと投げかけ、襖《ふすま》をぴしゃりと閉めて出ていかれた。

② 入道《にゅうどう》〔清盛〕は〔それでも〕(2)［　　　］腹立ちをおさえることが(3)［　　　］て「常遠《つねとお》、兼康」とお呼びになると、瀬尾太郎常遠と難波次郎兼康が参上した。

③「あの男〔成親〕を、取り押さえて、庭へ引き落とせ」と〔清盛が〕おっしゃると、このふたり〔常遠・兼康〕は(4)［　　　］〔大納言を引き落とすことを〕し申し上げることもできず、かしこまって、「小松殿〔重盛〕のご(5)［　　　］は、いかがでございましょうか」と〔常遠・兼康が清盛に〕申し上げたところ、

④ 入道相国〔清盛〕は、おおいに怒って、「よしよし〔わかった〕おまえらは、内府〔重盛〕の命令を重んじて、入道の仰せ〔この私の命令〕を軽んじるの(6)［　　　］。そうである以上はしかたがない」と〔清盛が〕おっしゃるので、

⑤ このこと〔清盛を怒らせること〕はきっと〔具合が〕(7)［　　　］

㈱瀬尾太郎＝常遠。
㈱難波次郎＝兼康。
㈱小松殿・内府＝平重盛《しげもり》。清盛の長男で、大納言成親の妹を妻としている。

古文常識

● **障子** 112 ＝襖《ふすま》。

読解のヒント

◆ℓ1～5……成親に動かぬ証拠の白状文を投げつけるが、それでも清盛は怒り収まらず、常遠・兼康に成親の処罰を命じる。

◆ℓ6～8……ふたりは、「重盛殿はどのように」と言う。清盛の長男・重盛は成親の妹婿《むこ》でもある。この姻戚関係を無視して処罰することを躊躇《ちゅうちょ》した。

◆ℓ9～11……清盛は、ふたりが重盛を重視して自分の命令を軽視していると、怒る。

◆ℓ12～13……ふたりはそれ以上は清盛に逆らえず、命令どおりに処罰する。

だろうと思ったのだろうか、ふたりの者たちは立ち上がって、大納言を庭へ引き落とし申し上げる。

第5章

日記

蜻蛉日記［⑳・㉑］

和泉式部日記［㉒・㉓］

紫式部日記［㉔］

讃岐典侍日記［㉕］

20 蜻蛉日記

①(1)あまたある中にも、たのもしきものに思ふ人(注)、この夏より遠く(注)(2)ものしぬ◀1べきことのあるを、服《ぶく》●果ててとありつれば、このごろ出《い》で立ちなむ◀2とす。

②これを思ふに、心細しと(3)思ふにもおろかなり。

③いまはとて出で立つ日、(4)渡りて見る。

④装束《さうぞく》●ひとくだりばかり、(5)はかなきものなど硯箱《すずりばこ》ひとよろひに入れて、(6)いみじう騒がしう(7)ののしりみちたれど、◀3われもゆく人も目も見あはせず、ただむかひ(8)ゐて、涙をせき(9)かねつつ、みな人は、「(10)など」「(11)念ぜさせ◀4たま◀5へ」「(12)いみじう忌(注)むなり」などぞいふ。

⑤(13)されば、車に乗り(14)はて◀6むを見む◀7は(15)いみじから◀8むと思ふに、家(注)より、「(16)とく(17)渡りね◀9。ここに(18)ものしたり」とあれば、車寄せさせ◀10て乗るほどに、ゆく人は二藍《ふたあゐ》の小袿《こうちぎ》●なり、とまるはただ薄物《うすもの》の赤朽葉《あかくちば》を着たるを、脱ぎかへて別れぬ◀11。

⑥九月《ながつき》十余《よ》日のほどなり。

重要単語を訳してみよう！

＊答えは別冊41ページ

①(1)［　　　］いる（姉妹の）中でも、（最も）頼りに思う姉が、この夏からきっと遠く〔姉の夫の赴任先〕へ(2)［　　　］なければならないことがあるのだが、（母の）喪《も》に服す期間が終わって（から出発する）と（姉が）言っていたので、このごろ（になって）いよいよ出立《しゅったつ》しようとする。

②これ〔別れ〕を思うと、心細いと(3)［　　　］。

③「今は（旅立ちだ）」と言って出立する日、（私は）(4)［　　　］て見送る。

④着物をひとそろいだけ、(5)［　　　］ものなどを硯箱ひとそろいに入れて（餞別《せんべつ》として私が持って行くと）、（姉の家では準備のために）(6)［　　　］騒がしく(7)［　　　］声が満ちあふれているけれど、私も（遠くに）行く姉も目も見合わせず、ただ向かい合って(8)［　　　］て、涙を止めることが(9)［　　　］でいると、（周りの）人はみな、「(10)［　　　］（泣くのです）」「(11)［　　　］

㊟**たのもしきものに思ふ人**＝頼りに思う人。作者の姉をさす。
㊟**遠く**＝地方官である姉の夫の赴任先。
㊟**忌むなり**＝不吉だ。旅立ちの際に泣き過ぎるのは永遠の別れ（死別）を予感させて不吉だと考えた。
㊟**家より**＝家からの知らせ。作者の留守宅に通《かよ》って来た夫の言葉を、使いが伝えに来た。

古文常識

●**服** 36＝人の死を悼《いた》み、哀《かな》しみに引きこもること。死後一年は行動を慎む。ここは母の喪に服すること。
●**装束** 124＝着物。
●**小袿** 130＝女性の略装・ふだん着。

読解のヒント

◆ℓ1～4……姉が、遠くの夫の任国へ旅立つことになり、作者は心細い。
◆ℓ6～7……「装束」「硯箱」とも「ひとくだり」「ひとよろひ」の一単位。姉の旅支度《じたく》にしては少なすぎる。作者の姉への餞別と思われる。
◆ℓ7～10……「騒がしい」のは旅立ちの準備で慌《あわ》ただしい姉の家の様子。一方、泣いているのは、別れを惜しむ作者と姉。周りの人々が口々に「　」を連発するが、泣いているふたりに対するセリフだと判断する。
◆ℓ11……「車に乗る」のは、旅立つ姉。「見る」のは、見送る作者。(15)「いみじ」は作者の気持ち。
◆ℓ12～13……家から使者が来て夫の伝言を伝える。後文に「…とあれば、車寄せさせて乗る」とあるので、夫からの伝言により作者が家に帰ると判断する。
◆ℓ13～14……「脱ぎかへて別れぬ」により、姉と作者が互いの着物を形見として交換して別れたことがわかる。

なさいませ」「（旅立ちの涙は）(12)［　　］不吉です」などと（口々に）言う。

⑤

(13)［　　］、（姉が）車に乗り(14)［　　］のを見るようなのは(15)［　　］だろうと思っていると、（私の）家から（夫の使いが来て）、「(16)［　　］(17)［　　］なさい。ここ〔作者の家〕に(18)［　　］いる」ということ〔夫の伝言〕だったので、（家に帰るために私が）車を（供人に）寄せさせて乗る（その）ときに、（旅に）行く姉（の着物）は二藍の小袿であり、（都に）とどまる私はただ薄物の赤朽葉（色の小袿）を着ていたの（だが、その着物）を、互いに脱ぎ換えて別れた。

⑥

九月十日過ぎのころ（のこと）である。

⑦ 家に来ても、「などかく[19]、まがまがしく[20]」ととがむるまで、いみじう[21]泣かる。

読解のヒント
◆ℓ16～17……家に帰ってもまだ泣いているのは作者。それを咎めるのはそばにいる夫。

⑦ （私は）家に（帰って）来ても、「(19)［　　］(20)［　　］（泣いているのか）、縁起《えんぎ》でもなく」と（夫が）咎《とが》める（ほど）までに、思わず(21)［　　］泣く。

21 蜻蛉日記

① 心のどかに暮らす日、はかなき(1)こと言ひ言ひのはてに、われも人(注1)もあしう(2)言ひなりて、うち怨じて出《い》づるになりぬ◀1。

② 端のかたに歩み出でて、幼き人(注)を呼び出でて、「われはいまは来じ◀2とす」などと言ひおきて、出でにけるすなはち(3)、はひ入《い》りて、おどろおどろしう(4)泣く。

③ 「こはなぞ(5)なぞ(5)」と言へど◀3、いらへ(6)もせで◀4、「ろんなう(7)、さ(8)やうにぞあらむ◀5」と、おしはからるれ◀6ど◀7、人(注2)の聞かむ◀8もうたて(9)ものぐるほしければ、問ひさして(10)、と(11)かう(12)こしらへ

(注)1 人＝夫。藤原兼家《かねいえ》。
(注)幼き人＝息子。藤原道綱《みちつな》。
(注)2 人＝周りの人。作者の家で使われている侍女《じじょ》たちのこと。

読解のヒント

◆ℓ1〜2……「蜻蛉日記」は冷めた夫婦仲を描いた作品。喧嘩《けんか》の末に出て行くのは、通い婚だから夫。

◆ℓ3〜5……夫が息子に残した捨てゼリフは、妻（作者）に聞こえよがしの嫌味《いやみ》。しかし、幼い道綱は八つ当たりだとはわからず、泣き始める。

◆ℓ6〜8……この3行が最も読みにくい。まずは重要単語をきちんと訳し、そのあとで全体の内容を考える。特に、7行目の「おしはからるれ」について、だれが何を推察しているのか、逆接の「ど」を利用して、文脈判断する。

重要単語を訳してみよう！

＊答えは別冊43ページ

① （久しぶりに夫が訪ねて来て）心のどかに（一日を）暮らしていた日、[(1)　　]ことを言い合った（挙げ句の）果てに、私も夫も（お互いを）[(2)　　]言うようになって、（夫は）恨み（言《ごと》を言って）出て行ってしまうことになった。

② （夫は）縁側のほうへ歩いて出て、幼い人〔道綱〕を呼び出して、「私はもう（二度とここへは）来ないつもりだ」などと言い置いて、（夫が）出て行った（そのあと）[(3)　　]、（道綱が縁側から部屋に）這《は》って入って来て、[(4)　　]泣く。

③ 「これは[(5)　　][(5)　　]（泣いているの）」と（私が）言うけれど、（道綱は）[(6)　　]もしないで（いるので）、「[(7)　　]、[(8)　　]いうことなのだろう」と、自然と推察されるのだけれど、周りの人〔侍女《じじょ》たち〕が聞いていたらそのようなのも[(9)　　]気が変になりそうなので、（泣く理由を）問う[(10)　　]て、[(11)　　][(12)　　]と（道綱を）なだめ

てあるに、五六日ばかりになりぬるに、音(13)もせず。

④例(14)なら◀9ぬほどになりぬれば、「あな(15)ものぐるほし、たはぶれごとと◀10こそわれは思ひ◀10しか、はかなき(16)仲なれば、かく(17)てやむやうもあり◀11なむ◀12かし」と思へば、心細うてながむる(18)ほどに、出で◀13し日使ひ◀14し泔坏《ゆするつき》の水は、さながら(19)ありけり。上は塵《ちり》ゐてあり。

⑤「かく(20)まで」と、あさましう(21)、

⑥絶えぬる◀15か　影◀16だに◀17あらば　問ふ◀18べきを
かたみの水は　水草《みくさ》ゐに◀19けり

⑦など思ひ◀20し日◀21しも見えたり。

⑧例(22)の◀22ごとにてやみにけり。

⑨かやうに胸つぶらはしきをりのみあるが、よに(23)心ゆるびなき◀23なむ、わびしかり(24)ける。

ているうちに、(夫が出て行ってから)五六日くらいになってしまったが、(夫からは)(13)［　　］もない。

④(14)［　　］のようではないほどに(通いの絶え間が長く)なってしまったので、「(15)［　　］ばかげているわねえ、(二度と来ないなんて)冗談だと私は思っていたけれど、(16)［　　］(夫婦の)仲だから、(17)［　　］して終わるようなこともきっとあるだろうよ」と思うと、心細くて(18)［　　］うちに、(見るともなく見ていると、夫が)出て行った日に使った髪梳《す》き用の泔《ゆする》を入れる器の水が、(19)［　　］あった。(水の)上は塵が浮かんでいる。

⑤「(20)［　　］なるまで(夫は長い間来ていないのだわ)」と、(21)［　　］、

⑥(私たちの仲は)絶えてしまったのか。せめて(夫の)影だけでももしあれば〔泔の水に映っていたら〕問うこともできるのに。(夫が残した)形見の水には水草が浮いているよ。

⑦などと思っていた(ちょうどその)日に(夫が私のところに)姿を見せた。

古文常識

● **泔坏**144＝洗髪用の米のとぎ汁（泔）を入れておく器。とぎ汁に櫛《くし》をひたして髪を梳《す》く。

読解のヒント

◆ℓ13〜14……夫が出て行った日に使った泔杯の水の上に塵《ちり》がある。それほどまでに夫が来なかったのである。

◆ℓ17……「かたみ（形見）の水」とは、夫が使い残した泔坏の水のこと。実際は「塵」が浮いているのだが、風流な和歌には似つかわしくないので「水草」に置き換えてある。16〜17行目の和歌は作者のひとり言。

◆ℓ18〜21……思いを和歌に詠《よ》み込んだその日、「見えた」のは夫。「胸つぶらはしき」の表現から、仲直りはできなかったとわかる。

⑧ ㉒［　　　］のような（しっくりしない）状態で終わってしまった。

⑨ このように胸がつぶれそうなときばかりであるのが、㉓［　　　］気のゆるむ〔気の休まる〕ことがなく、㉔［　　　］た。

22 和泉式部日記

① 九月《ながつき》二十日あまりばかりの有明《ありあけ》の月に（宮様は）御目さまして、…〈中略〉…例の(注)童《わらは》ばかりを御供にておはしまして、門《かど》をたたかせ[1]たまふに、女、目をさまして、よろづ思ひつづけ臥《ふ》したるほどなりけり。

② すべてこのごろは、折からにや[2]、もの心細く、つねよりも**あはれに**(1)おぼえて、**ながめ**(2)てぞありける。

③ 「**あやし**(3)、誰《たれ》[3]ならむ[4]」と思ひて、(注)前なる人を起こして問はせ[5]む[6]とすれど[7]、**とみに**(4)も起きず。

④ からうじて起こしても、ここかしこのものに当たり騒ぐほどに、たたきやみぬ[8]。

⑤ 「帰りぬるにや[9]あらむ[10]。**いぎたなし**(5)とおぼされ[11]ぬるにこそ、…〈中略〉…誰ならむ」と思ふ。

(注)例の童＝宮がいつも供につれている小舎人童《こどねりわらわ》。
(注)前なる人＝自分の前に寝ている侍女《じじょ》。

重要単語を訳してみよう！

＊答えは別冊46ページ

① 九月二十日過ぎくらいの有明の月に（宮様は）御目を覚まして、…〈中略〉…いつもの小舎人童だけをお供にして（女のところに）いらっしゃって、門を（童に）たたかせなさると、女は、目を覚まして、あれこれ思い続けて横たわっているときであった。

② すべてこのごろは、（秋という）時節柄だろうか、なんとなく心細く、いつもより(1)［　　　］思われて、(2)［　　　］ていた。

③ 「(3)［　　　］、だれ（が来たの）だろう」と思って、前に寝ている侍女を起こして問わせようとするけれど、(4)［　　　］も起きない。

④ やっとのことで起こしても、（寝ぼけて）ここあそこ〔あちこち〕のものに当たり騒いでいるうちに、（門を）たたく音がやんでしまった。

⑤ 「帰ってしまったのだろうか。（訪問者は）(5)［　　　］とお思いになったわ、…〈中略〉…だれだろう」と思う。

古文常識

● **有明の月** 184 ＝夜が明けてもまだ空にある月。下旬の月。

読解のヒント

◆ℓ1～6……夜、宮は女（和泉式部《いずみしきぶ》）のもとを訪れる。女は寝ていない。「思いつづけ」「心細く」など、悩みごとがありそうな様子。

◆ℓ7～12…7行目の「だれだろう」により、女は訪問者が宮だと知らない。侍女に応対させようと起こすが、寝ぼけている。門をたたく音がやむ。

23 和泉式部日記

女（和泉式部《いずみしきぶ》）は、宮（帥宮敦道親王《そちのみやあつみちしんのう》）と恋仲である。宮は女を自分の邸《やしき》に迎え入れようと熱心に申し出ていたが、頻繁《ひんぱん》な和歌のやりとりののち、しばらく連絡が途断《とだ》えた。

① か(1)くて、二三日お(2)ともせさせ◀1たまはず。

② 頼(注)もしげにのたまはせし◀2ことも、いかになりぬるにか◀3と思ひつづくるに、い(3)もねら◀4れず。

③ 目もさましてねたるに、「夜や(4)うやうふけぬ◀5らむか◀6し」と思ふに、門《かど》をうちたたく。

④ 「あ(5)なお◀7ぼえな」と思へど◀8、問はす◀9れば、宮の御文(6)なりけり。

⑤ ●妻戸《つまど》押し開けて見れば、

⑥ 見るや◀10君　さ夜《よ》うちふけて　山の端《は》に
　く(7)まなくすめる　秋の夜の月

⑦ うちな(8)がめら◀11れて、つねよりもあ(9)はれにおぼゆ。

⑧ 門も開けね◀12ば、御使待ち遠にや◀13思ふら◀14むとて、御返し、

⑨ ふけぬ◀15らむと　思ふ◀16ものから　ねら◀17れね◀18ど◀19
　な(10)かなかなれば　月はし◀20も見ず

重要単語を訳してみよう！

＊答えは別冊47ページ

① (1)［　　］して（頻繁なやりとりのあと）、二三日(2)［　　］もしてくださらない。

② （一緒に暮らそうと）頼もしそうにおっしゃったことも、どのようになったのだろうかと思い続けると、(3)［　　］こともできない。

③ 目も覚まして寝て（横たわって）いると、「夜も(4)［　　］きっと更けているのだろうよ」と思うところに、（だれかが）門をたたく。

④ 「(5)［　　］（だれかしら、）心当たりがないわ」と思うけれど、（だれなのかを取り次ぎの者に）問わせると、宮の御(6)［　　］（を届けに来た使者）であった。

⑤ 開き戸を押し開けて見ると（和歌が書かれていて）、

⑥ 見ていますか、あなたも。夜更けて山の端に(7)［　　］澄んでいる秋の夜の月を。

⑦ 思わず月を眺めて(8)［　　］て、いつもよりも（宮の和歌が）(9)［　　］思われました。

⑧ 門も開けていないので、使者が（宮へのお返事を）待ち遠しく思ってい

23 和泉式部日記

⑩ とあるを、（ありきたりの返事とは）おし**たがへ**⑾るここちして、「**なほ**⑿**口をしく**⒀はあらずかし。◀21 **いかで**⒁近くて、**かかる**⒂**はかなし**⒃(注)言《ごと》も言はせ◀22て聞かむ◀23」と思《おぼ》し立つ。

⑪ 二日ばかりありて、女車(注)のさまにて**やをら**⒄おはしましぬ。◀24

(注)頼もしげにのたまはせしこと＝邸に迎え入れて一緒に暮らすと宮が約束したこと。
(注)はかなし言＝具体的には「和歌」を意味する。
(注)女車のさまにて＝女性用の牛車で。人目を忍んでこうした措置をとった。

古文常識

● **妻戸** 109＝出入り口に取り付けた扉。開き戸。

読解のヒント

◆ ℓ1〜10……約束はどうなったのかと考え続けて、女（和泉式部）が夜更けまで目を覚ましていると、使者が宮の和歌（恋文）を持って来る。

◆ ℓ9〜10……宮の和歌。「私の見ている秋の夜の月をあなたも見ているか」と。離れていても月を介して心は通じていてほしいということ。

◆ ℓ13〜14……女は「月は見ていない」と返す。なぜ見なかったのか、本文も参考にする。和歌の一〜三句「夜更けても寝られない」と本文1〜5行目は内容的に一致する。そのあたりに理由を探すと、宮の約束がどうなったかと悩んでいたから。その目で和歌を見ると、言葉たらずが補える。

◆ ℓ15〜17……「　」はだれのセリフか、会話のあとを見る。「思し立つ」は「思い立つ（決心する）」の尊敬語。よって、主語は高位の宮。宮の決心とは何か。冒頭の現代文の説明や本文1〜3行目を参考に、「一緒に暮らす」こと。「近くて…聞かむ」がそれを意味すると察しをつける。宮にこの決心をさせた女の返歌は「ありきたり」ではなかったはず。

◆ ℓ18……宮が自ら足を運ぶ。「女車」で人目を忍ぶのは、まだ関係が公でないのと、おそらくは昼間の訪れだから。

⑨ るだろうかと思って、ご返歌（を）、きっと夜が更けているのだろうと思うのに寝られません、けれども ⑽［　　］（月を見ると物思いが増すだけ）なので、月は見ておりません（でした）。

⑩ と（詠《よ》んで）あるのを、（ありきたりの返事とは）⑾［　　］気持ちがして、（宮は）「⑿［　　］（私が）⒀［　　］（期待はずれな女で）はないよ。⒁［　　］近く（に置い）て、⒂［　　］⒃［　　］言葉〔和歌〕も言わせて聞きたい」と（一緒に暮らすことを）決心なさる。

⑪ 二日くらいして、（宮は人目を忍んで）女車の様子で ⒄［　　］（私を訪ねて）いらっしゃった。

こうして宮は女への愛を深める。が、女に言い寄る男は多く、女が彼らを拒否しているにもかかわらず浮いた噂《うわさ》が流れ、ついにそれが宮の耳に入った。

⑫ 宮より、御**文**(18)あり。

⑬ 見れば、「**さりとも**(19)と頼みけるが**をこなる**(20)」など、多くのことどものたまはせで◀25、「**いさ**(21)知らず」とばかりあるに、胸うちつぶれて、**あさましう**(22)おぼゆ。

⑭ めづらかなる**そらごと**(23)ども**いと**(24)多く出《い》で来れど◀26、「**さはれ**(25)、なからむ◀27ことはいかがせむ◀28」とおぼえて過ぐしつるを、これは**まめやかに**(26)のたまはせたれば、「思ひ立つこと(注)さ◀29へほのききつる人もあ◀30べかめりつるを、**をこなる**(27)目をも見るべ◀31かめるか◀32な」と思ふに悲しく、御返り**きこえ**(28)む◀33ものともおぼえず。

(注)思ひ立つこと＝宮のお邸へ行く決心をしたこと。

⑫ 宮から御［(18)　　］がある。

⑬ 見ると、「［(19)　　］と（あなたを）信頼していたのが［(20)　　］った」などと、多くのことなどはおっしゃらないで、（続きに）「（このような浮名《うきな》の立つような女性は）［(21)　　］知りません」とだけ（書いて）あるので、（私は）胸がつぶれ（そうになっ）て、［(22)　　］思いである。

⑭ 珍しい（とんでもない）［(23)　　］（の噂《うわさ》）などが［(24)　　］多く出て来ていたけれど、「［(25)　　］、（身に覚えの）ないようなことはどうすることができるか、いやどうにもできない」と思って（やり）過ごしてきたのに、これ（宮の御手紙）は［(26)　　］おっしゃっているので、「（私が宮のお邸へ行くことを）決心したことまでも少し聞いている人もあるようなのに、（宮に見捨てられたのでは）［(27)　　］目を見ることにもなりそうだなあ」と思うと悲しく、お返事を［(28)　　］ようとも思わない（その気になれない）。

読解のヒント

◆ℓ19〜22……場面変わって、宮の耳に女の浮いた噂が入る。22行目に女が「胸うちつぶれ」たとあるから、宮の反応は手厳しかったはず。「頼みけるがをこなる」は信頼が裏切られたということ、「知らず」は「あなたのことはもう知らない」の意味だと推察する。「多くをおっしゃらない」の表現でも宮の怒りがわかる。

◆ℓ23〜24……「ないことはどうしようもない」と、女は今日まで噂をやり過ごしてきた。

◆ℓ25〜28……「宮のお邸に行く決心を聞いている人もある」は、おそらく親しい人に宮との同居をほのめかしていたと思われる。今さら破談になどなったら大恥をかくことを想像し、ショックを受けた女は、返事を書く気もしない。

24 紫式部日記

①
思ふ(注)ことの▲1少しもなのめなる(1)身な▲2らま▲3しかば、すきずきしく(2)もてなしわかやぎて、常(注)なき世をもすぐして▲4まし、めでたき(3)こと、おもしろき(4)ことを、見聞くにつけても、ただ思ひ(注)かけたりし▲5心の、ひくかたのみつよくて、ものうく(5)、思はずに、なげかしきことのまさるぞ、いと(6)苦しき。…〈中略〉…

②
水鳥どもの▲6思ふことなげに遊びあへるを見る。

③
水鳥を　水の上とや▲7　よそに見む▲8
われも浮きたる　世をすぐしつつ

④
かれも、さこそ(7)心をやり(8)て遊ぶと見ゆれど▲9、身はいと(9)▲10苦しかなりと思ひよそへら▲11る。

(注)思ふこと＝悩みごと。
(注)常なき世＝無常の世。永遠に続くものなど何ひとつないこの俗世。
(注)思ひかけたりし心＝心に思い願ってきたこと。ここでは出家遁世の気持ち。

重要単語を訳してみよう！

＊答えは別冊51ページ

①
もし（私が）悩みごとが少しでも［(1)　　］身であったなら、［(2)　　］ふるまい若やいで、無常のこの俗世をもきっと（楽しく）過ごすだろうに（実際は悩みが深刻で俗世を楽しめず、この世の）［(3)　　］こと、［(4)　　］ことを、見たり聞いたりするにつけても、ただ出家遁世《しゅっけとんせい》したいと思い願ってきた心が、引きつけるほうばかりが強くて、なんとなく［(5)　　］、思うようにならずに、嘆かわしいことがまさっているのが、［(6)　　］苦しい。…〈中略〉…

②
水鳥たちが思うこと〔悩みごと〕もなさそうに遊び合っているのを見る。

③
水鳥を水の上（で遊んでいる）と、よそごとに見られようか、いや見られない。（水鳥が水面下で必死に足を動かして浮いているように）私も浮ついた俗世を過ごしながら（内面では苦しんでいるのだ）。

④
あれ〔水鳥〕も、［(7)　　］［(8)　　］て遊ぶ（ようだ）と見えるけれど、（水鳥）自身は（水面下で足を掻《か》き）［(9)　　］苦しいのだろうと（わが身の内面と）ふと思い重ねて考える。

読解のヒント

◆ℓ1～6……4行目に「出家心だけが強い」とあり、冒頭に「悩みごと」、5～6行目に「嘆かわしい」「苦しい」とあるので、作者は俗世に苦悩があるとわかる。1～3行目「…ましかば～まし」は反実仮想（◀3◀4参照）で、字面は反事実。裏返しに事実を考える。

◆ℓ7～11……和歌の前後の文脈を先に見る。水鳥は遊んでいると見えるが、身は苦しいのだろう。その目で和歌を見ると、「われも」とあるので私も水鳥と同じように苦しいと言いたいのだ。水鳥は浮くために水面下で必死に足を動かす。作者も、人知れず苦悩に耐えているのだろう。

25 讃岐典侍日記

作者（讃岐典侍《さぬきのすけ》）は女官として堀河天皇に仕えていたが、天皇が亡くなられたため、まもなくご即位の鳥羽天皇に再出仕することになった。しかし、作者は堀河天皇を悼《いた》む気持ちでいっぱいで、再出仕の準備に気が向かない。

① 十九日(注)に、例(1)の参らん◀1と思ふに、雪、夜より高くつもりて、こちたく(2)降る。

② 忙しさ、今いくほどなく、残り少なくなりにたれば、おほかた(3)の人(注)も、夜を昼になして、物もきこえ(4)ぬ◀2までいそぐ(5)め◀3れば、われは、この日(注)ならんからに、忙しとて参らざ◀4らん◀5がくちをしき(6)に、ひとり受け引く人なし。

③「さ(7)ばかり忙しくしちらさせ◀6給う◀7てよか◀8し。今日参らせ給ひ◀9たらんに、院(注)も大臣殿も、よに(8)いみじ(9)ともあらじ◀10。参らせ給はずとも◀11、あしき(10)こともあらじ◀12。かばかり雪は、道も見えず降るめり◀13。わが御身こそ◀14、車の内なれば、さて(11)もおはしまさめ◀14、御供の人は、いかでか(12)堪へん◀15ずるぞ」など、わび(13)あひてとどめつれど◀16、

④「人たちによし(14)と思はれん◀17とて参ることなら◀18ば(15)こそあらめ、

重要単語を訳してみよう！

＊答えは別冊53ページ

① 十九日に、(1)［　　］の（故堀河天皇の法事のために堀河院へ）参上しようと思うが、雪が、夜から高く積もって、(2)［　　］降る。

② （再出仕の準備の）忙しさは、（鳥羽天皇のご即位まで）もう幾日もなく、残り少なくなってしまったので、(3)［　　］の家の者も、夜を昼に換えて〔夜昼なしに〕、ものも(4)［　　］ないほどまでに（慌《あわ》ただしく私の再出仕のために）(5)［　　］ようなので、私は、こういう再出仕の準備に追われる日であっても、忙しいからといって（法事に）参上しないようなことが(6)［　　］（から参りたい）が、（家の者は）ひとりも承知する人はない。

③「(7)［　　］ほど（までして法事に行き、私たち家の者をわざと）忙しくし放題にさせてしまいなさいませよ。今日もし（法事に）参上なさったとしてそのような場合に、白河院も大臣殿も、(8)［　　］(9)［　　］と（お思いで）もないだろう。（法事に）参

(注)この月ならんからに、忙しとて欠くべき[19]ことかは[20]。いさましくうれしき(16)いそぎにてあらんだに[21][22]、それに(17)さはるべき[23]ことかは[24]。われを少しも(18)あはれと思はん[25]人は、今日ぞ参らせよ」と言ふままに、(19)けしきも変はるが(20)しるきにや[26]、

(注)十九日＝十九日は亡き天皇の命日で、毎月十九日には堀河院で法事が行われている。
(注)人＝作者の家の者。
(注)この日ならんからに＝こういう再出仕の準備に追われる日であっても。
(注)院＝白河院。堀河天皇の前の天皇。今回の法事の最高責任者。
(注)この月ならんからに＝鳥羽天皇のご即位を間近に控えた月であっても。

読解のヒント

◆ℓ3……「今いくほどなく、残り少なくなり」とは、まもなく鳥羽天皇が即位なさること。

◆ℓ4〜6……作者の再出仕のために家の者がみな忙しくしているのに、作者が法事に出かけようとするので、だれも良しとしない。

◆ℓ7〜12……「さばかり…んずるぞ」のセリフは、「参らせ給はずとも」や「雪は、道も見えず降るめり」などの表現で外出に否定的な家の者の意見とわかる。

◆ℓ13〜16……「人たち…」のセリフは「欠くべきことかは」の表現により、何がなんでも行こうとする作者の言葉。「今日ぞ参らせよ」と、作者は家の者を説得しようとする。

上なさらなくても、(10)[　　]ということもないだろう。これほどまでに雪は、道も見えないほど（激しく）降っているようだ。ご自身は、車の中だから、(11)[　　]して〔外出して〕いらっしゃってもよいけれど、お供の人は、（この雪に）(12)[　　]堪えられようか、[　　]」などと、（家の者はみな）(13)[　　]て（私の外出を）止めたけれど、

④（私は）「（宮中の）人たちに(14)[　　]（人だ）と思われようとして参上することである(15)[　　]、鳥羽天皇のご即位を間近に控えた月であっても、（準備に）忙しいからといって（法事を）欠席してよいか、いやそんなことがあってはならない。もし（心が）勇み立つうれしい(16)[　　]であってもそのような場合でさえ、それ〔法事〕に(17)[　　]てよいか、いやそんなことがあってはならない。私を少しでも(18)[　　]ともし思うならそのような人は、今日（私を法事に）参上させよ」と言っているうちに、（私の）(19)[　　]も変わるのが(20)[　　]たのだろうか、

⑤ 言はれぬる人ども、「さ(21)ばかり思《おぼ》し召したらん◀27こと、妨げ参らすべ◀28きことならず。車寄せよ」と、供の人呼ばせ◀29などするほどに、例(22)始まるほどと思ふほど、やうやう(23)日たくるに、「参らで◀30やみなん◀31ずるなめ◀32り」と思ふ、くちをしく(24)わりなき(25)。

⑥ 「人ども来ぬればとく(26)とく(26)」と言へば、うれしくて乗りぬ◀33。

⑦ 道のほど、まことに堪へがたげに雪降る。車の内に降り入《い》りて、雑色《ざふしき》、牛飼、みな頭白くなりにたり。牛の背中も、白き牛になりにたり。二条の大路には、大宮(注)の道もなきまで降る。

⑧ 参りたれば、人々、「あな(27)、いみじ(28)。例(29)よりも日たけつれば、『今日はえ(30)参らせ給は◀34ぬ◀35なめり』『ことわり(31)ぞ◀36かし。忙しくおはしつ◀37らん』と申しあひたりけるに、おぼろけならぬ◀38御志か◀39な。今日は」とあはれがり(32)あひたり。

(注)大宮＝堀河院。

⑤ 言われた人たちは、「(21)［　　］ほどまでにお思いになっているようなことは、妨げ申し上げてよいことではない。車を（玄関に）寄せなさい」と、（付き添う）供人を呼びに行かせたりするうちに、(22)［　　］（法事が）始まる時間だと思うころで、(23)［　　］日も高くなるので、「きっと参上しないで終わってしまいそうだ」と思う、（それが）(24)［　　］(25)［　　］。

⑥ 「（お供の）人たちが来たので(26)［　　］(26)［　　］」と（家の者が）言うので、うれしくて（車に）乗った。

⑦ 道の途中、本当に堪えがたいほどに雪が降る。車の中に（まで）降り込んで、雑用係も（牛車の）牛を引く係も、みな頭が真っ白になった。牛の背中も、（雪が積もって）白い牛になってしまった。二条大路では、堀河院への道も（見え）ないほどまでに降る。

⑧ （堀河院に）参上すると、（法事に参列している）人々は、「(27)［　　］(28)［　　］。(29)［　　］よりも日が高くなった（到着が遅い）ので、『今日は参上なさることが(30)［　　］のであるようだ』『（それも）(31)［　　］だよ。（再出仕の準備で）きっと忙しくしていらっしゃるのだろう』と（みなで）話し合い申し上

げていたのですが、並々ならぬ（故堀河天皇への）お気持ちですねえ。今日（参上なさる）とは」と、(32)［　　　　］合っていた。

古文常識

● **雑色**88＝雑用係。

読解のヒント

◆ℓ18～20……「さばかり…車寄せよ」のセリフは、作者の固い意志に負けた家の者の言葉。使用人のだれかに供人を呼ばせにやるほど、今度は協力的に動く。

◆ℓ20～23……時間が経《た》つので作者は不安になるが、やっと供人と車が来たので大喜び。

◆ℓ24～27……堀河院までの道が、雪でいかに大変であったかを描写。

◆ℓ28～31……堀河院にいる人々のセリフ。「『今日は参上なさらないな』『忙しくしていらっしゃるだろう』と言い合っていた」の表現から、作者が参上したことへの驚きがわかる。その文脈で類推すると、「御志」とは作者の法事への熱意、堀河天皇への強い愛情。

姫さま
おやすみくだされ…
もん…
もーちょい
パコ
ポ、ピ、

第6章

物語Ⅱ

源氏物語［㉖桐壺・㉗㉘夕顔・㉙若紫］

26 源氏物語

①いづれの御時に▲1か、女御《にょうご》更衣《かうい》(1)**あまた**さぶらひたまひけるなかに、(2)**いと**(3)**やむごとなき**際《きは》にはあら▲2ぬ▲3が、すぐれて(4)**時めき**たまふありけり。

②はじめより「我は」と思ひあがりたまへる御方々、めざましきものにおとしめそねみたまふ。

③同じほど、それより下臈《げらふ》の更衣たちは▲4ましてやすからず、朝夕の(注)宮仕へにつけても人の心をのみうごかし、恨みを負ふ積もりに▲5やあり▲6けん、(5)**いと**(注)篤《あつ》しくなりゆき、もの心細げに里がちなるを、いよ〳〵(6)**あかず**(7)**あはれなる**ものに思ほして、人のそしりをも(8)**え**(9)**はばから**せたまはず、(10)**世**の(11)**ためし**にもなり▲7ぬべき御もてなしなり。

④上達部《かんだちめ》うへ人なども(12)**あいなく**(注)目を側《そば》めつつ、「(13)**いと**まばゆき人の御(14)**おぼえ**なり。唐土《もろこし》にも(15)**かかる**事の起こりにこそ(16)**世**の乱れ(17)**あしかり**けれ」と、(18)**やうやう**天《あめ》の下にもあぢきなう人のもて(19)**なやみ**種《ぐさ》になりて、(注)楊貴妃《やうきひ》の(20)**ためし**も引き出《い》で▲8つべくなりゆくに、(21)**いと**(22)**はしたなき**こと多かれ▲9ど、

重要単語を訳してみよう！

＊答えは別冊57ページ

①どの（天皇のお治めになった）御時だったであろうか、女御や更衣が(1)［　　］（后妃《こうひ》として天皇に）お仕え申し上げなさった（その）中に(2)［　　］(3)［　　］身分ではない方で、（ほかの后妃よりも）すぐれて(4)［　　］なさる方があった。

②（天皇とのご結婚の）初めから「私は（一番だ）」と思い上がっていらっしゃった方々〔女御たち〕は、（この方を）気にくわない者だと貶《おとし》めたり嫉《そね》みを感じたり〔見下したり妬《ねた》んだり〕なさる。

③（この方と）同じほど（の身分の更衣）、それよりも下の身分の更衣たちは（女御でさえ嫉妬するのだから）まして心が平安ではなく、（この方は）朝夕の宮仕えにつけても人〔ほかの后妃たち〕の心をしきりといらだたせ、（その）恨みを負うことが積もり積もったのであろうか、（この方は）(5)［　　］病弱になっていき、なんとなく心細そうに実家に帰りがちであるのを、（天皇は）ますます(6)［　　］ことなく(7)［　　］者にお思いになって、人の誹《そし》り〔ほかの后妃たちの非難〕をも(9)［　　］なさることが(8)［　　］て、

(注)宮仕へ＝宮中で仕事をすること。この場合は、妻として天皇に仕えること。
(注)篤しく＝病弱に。
(注)目を側めつつ＝目をそむけながら。
(注)楊貴妃《ようきひ》＝唐の玄宗《げんそう》皇帝の妃《きさき》。玄宗の寵愛を一身に受け、国の乱れを招いた。

古文常識

●**女御・更衣** 39＝天皇の后妃（妻）。女御のほうが更衣よりも位が高い。女御も更衣もそれぞれ複数いる。
●**里** 70＝実家。「里がち」で、実家に帰りがち。
●**上達部** 74＝大臣・大納言など、最上層部の方々。一・二・三位と一部の四位（参議）。
●**うへ人** 75＝殿上人。上達部の次に位置する方々。中将・少将などの四・五位と一部の六位（蔵人《くろうど》）。

読解のヒント

◆ℓ1〜3……女御・更衣などの複数の天皇の妻たちの中で、あるひとりの妻（仮にAとする）が「すぐれて時めく」存在だった。当然、ほかの妻たちは嫉妬する。
◆ℓ4〜6……6行目「それより下の更衣」を基準にさかのぼると、6行目「同じほど」はAと同程度の身分の更衣。さらにさかのぼって、4行目「はじめ…御方々」はAより上位の「女御たち」とわかる。高位の女御たちでさえ嫉む。まして、同身分や下位はもっと嫉妬する。
◆ℓ7〜9……恨みを負って病気になり、心細げに実家に帰るのはA。
◆ℓ9〜14……「人のそしり」は、ほかの妻たちの非難。「上達部や殿上人なども」により、宮中で働く高位の男性たちも、同様に批判的なのだと文脈類推できる。
◆ℓ15……中国（唐土）の玄宗皇帝と楊貴妃(注)の関係は、この物語の天皇とAの関係に酷似している。

(10)［　　］の（困った）(11)［　　］にもきっとなりそうなほどのご寵愛《ちょうあい》である。

④ 上達部や殿上人《てんじょうびと》なども(12)［　　］目をそむけながら、「(13)［　　］目を覆《おお》いたくなるほどのこの人への御(14)［　　］である。中国でも(15)［　　］事（楊貴妃を玄宗皇帝が溺愛《できあい》したこと」が起こり、(16)［　　］の乱れが(17)［　　］なったらしい」と、(18)［　　］天下（世間）でも苦々《にがにが》しく（思う）人の(19)［　　］の種になって、楊貴妃の(20)［　　］までも今にも引き合いに出しそうになっていくので、（この方には(21)［　　］(22)［　　］ことが多いけれど、

かたじけなき御心ばへの**たぐひ**(23)なきを頼みにてまじらひたまふ。

⑤ 父の大納言は亡くなりて、母北の方なむ古《いにしへ》の人の**よし**(24)あるにて、親(注)うちぐしさしあたりて**世**(25)の**おぼえ**(26)はなやかなる御方々にも**いたう**(27)劣らず、何ごとの儀式をももてなし給ひけれど、[10]取りたてて**はかばかしき**(28)後見《うしろみ》(注)し[11]なければ、事ある時は**なほ**(29)よりどころなく心細げなり。

⑥ 前《さき》の世にも御**ちぎり**(30)や[12]深かりけ[13]ん、世(注)になくきよらなる玉の男皇子《をのこみこ》さ[14]へ生まれたまひぬ[15]。

⑦ **いつしか**(31)と**心もとながら**(32)せたまひて、急ぎ参らせて御覧ずるに、めづらかなる稚児《ちご》の御かたちなり。

⑧ 一の皇子《みこ》は右大臣の女御の御腹にて寄せ(注)重く、うたがひなきまうけ(注)の君と世にもて**かしづき**(33)**きこゆれ**(34)ど、[16]この御**にほひ**(35)には並びたまふべ[17]くもあらざ[18]りければ、**おほかた**(36)の**やむごとなき**(37)御思ひにて、この君をば[19]わたくしものに思ほし**かしづき**(38)たまふこと限りなし。

（桐壺）

もったいない（天皇の）御心〔愛情〕の (23)[　　] がないことを頼みにして、（宮仕えのさまざまな人間関係を）交わりなさる。

⑤ （この方の）父である大納言は亡くなって、母である（大納言の）正妻は古風な人で (24)[　　] ある（家柄の）人で、両親がそろっていて今のところ (25)[　　] の (26)[　　] が華やかな方々〔ほかの后妃たち〕にも (27)[　　] 劣らないように、（娘に関わる）どんな儀式（のお支度《したく》）をも執《と》り行いなさったけれど、取り立てて (28)[　　] 後見人がいないので、（何かいざという）事があるときは (29)[　　] 拠《よ》りどころ〔頼れるところ〕がなく心細そうである。

⑥ 前世でも（天皇とこの方の）御 (30)[　　] が深かったのだろうか、世に（またと）なく清らかな玉のような（美しい）男の皇子〔光源氏〕までもがお生まれになった。

⑦ (31)[　　] （皇子を見たい）と（天皇は）(32)[　　] なさって、急いで（皇子を実家から宮中に）参らせてご覧になると、珍しい（ほど美しい）幼子の御容貌である。

⑧ 第一（番目）の皇子は右大臣（家ご出身）の女御がお産みになった御子で右大臣家の後見の力が強く、（ゆくゆくは）疑いようもない皇太子として

注 **親うちぐし**＝両親がふたりともそろっていて。
注 **後見**＝後ろ楯となって援助する人。後見人。
注 **世になくきよらなる玉の男皇子**＝光源氏。
注 **寄せ重く**＝右大臣家の後見の力が強く。
注 **まうけの君**＝次代の天皇として用意された君。皇太子。

古文常識

● **北の方** 100 ＝正妻。
● **前の世** 190 ＝この世に生まれる前の世。前世。

読解のヒント

◆ℓ19〜23……Aは父を亡くし、母だけ。後見人もいないので心細い。
◆ℓ20〜21……「はなやかなる御方々」とは、ほかの妻たちのこと。
◆ℓ24〜27……天皇とAとの間に美しい皇子（光源氏）が誕生する。
◆ℓ28〜32……「一の皇子」は「女御の御腹」から生まれた皇子で、「Aの産んだ皇子（光源氏）」とは別の子ども。この「一の皇子」は皇太子で、「Aの皇子」よりも立場は上。29行目の「ど」で逆接するから、「御にほひ」に関しては「Aの皇子」が勝っているのである。28〜32行目はすべて「一の皇子」と「Aの皇子」との比較。

世の中（の人々）も (33)［　　］ (34)［　　］ けれど、この（皇子〔光源氏〕の）御 (35)［　　］ には並びなさることができなかったので、（天皇は第一皇子に対しては） (36)［　　］ の (37)［　　］ お気持ち〔皇太子として大切にするお気持ちだけ〕で、この君〔光源氏〕のことをご自身の大切な子〔秘蔵っ子〕とお思いになり (38)［　　］ なさること、この上もない。

27 源氏物語

源氏は人目を忍んで乳母《めのと》の病気見舞いに訪れたが、あいにく門には錠がかかっている。従者《ずさ》に命じて乳母の子である惟光《これみつ》を呼ばせ、門の開くのを待つ間、源氏は隣の家を覗《のぞ》いている。

① 御車《みくるま》も(1)いたく(2)やつし◀1たまへり、前駆《さき》も追は◀2せたまはず、誰《たれ》とか◀3知らむと、◀4うちとけたまひて、すこしさしのぞき◀5たまへ◀6れば、門《かど》は蔀《しとみ》のやうなる押し上げたる、見入れのほどなくもの(3)はかなき住まひ…〈中略〉…。

② (門を開けて惟光が出て来て)「鍵《かぎ》を置き(4)まどはし◀7はべりて、(5)いと(6)ふびんなるわざなりや。ものの(注)あやめ見◀8たまへ分く◀9べき人もはべらぬ◀10わたりなれど、◀11(7)らうがはしき大路に立ちおはしまして」と、かしこまり申す。(夕顔)

(注)もののあやめ＝ものの良し悪し。

重要単語を訳してみよう！

＊答えは別冊61ページ

① (源氏は)御車も (1)［　　］ (2)［　　］なさっているし、行列の先導者にも人を追い払う声を出させなさらず、(だから、人々が源氏を)だれと知るだろうか、いや知るはずがないと、気を許しなさって、少し(隣の家を)覗《のぞ》きなさったところ、門は蔀《しとみ》のようなもの〔建具〕を押し上げてあるのが、覗き込むほど(の奥行き)はなく (3)［　　］ 住まい(の様子である)…〈中略〉…。

② (門を開けて惟光が出て来て)「鍵を置き(忘れて) (4)［　　］ まして、(5)［　　］ (6)［　　］ ことですよ。ものの良し悪しを見分け〔あなた様をどなたと判別し〕申し上げることのできる人もおりません辺り(で大丈夫)ですけれど、(7)［　　］ 大通りにお立ちになっていらして(申し訳ございません)」と、恐縮し申し上げる。

古文常識

●前駆83＝行列の先導者。「追ふ」は声を出して行列を知らせ、通行人を追い払うこと。

●蔀111＝格子の裏に板を張った建具。

読解のヒント

◆ℓ1～2……行列先導に人払いさせないのは、人目を忍ぶ見舞いだから。源氏がだれとわからない出で立ち。冒頭の「御車も」も同様のはず。

◆ℓ2～4……気を許して隣を覗く。「門は…住まひ」は隣の家の様子。「はかなき住まひ」により、この一帯は上流階級ではないとわかる。

◆ℓ5～8……門の鍵のために大通りに源氏を立たせたことを惟光は恐縮している。「ものの良し悪しの見分けができない」とは、後文との逆接文脈から「源氏を何者だとはどうせ見抜けない」地域の人々だ、と類推する。

28 源氏物語

老いて病いに臥《ふ》す乳母《めのと》を、光源氏が見舞う場面である。

①
尼君も起き上がりて、「惜しげなき身なれど、▲1棄て(1)がたく(2)思ひ▲2たまへつることは、ただ、かく(3)、御前(注)にさぶら▲3ひ御覧ぜら▲4るることの変りはべりなんことを▲5口惜しく(4)思ひたま▲6へたゆたひしか▲7ど、▲8忌む(注)ことのしるし(5)によみがへりてなん、▲9かく(6)渡り(7)おはしますを見たまへ▲10はべりぬれば、今なん▲11阿弥陀(注)《あみだ》仏の御光《ひかり》も、心清く待たれ▲12はべるべき▲13」など聞こえ(8)て、弱げに泣く。

②
「日ごろ(9)おこたり(10)がたく(11)ものせ(12)らるる▲14を、やすからず嘆きわたり(13)つるに、かく(14)世(15)を離《か》るるさまにものし(16)たまへ▲15ば、いと(17)あはれ(18)に口惜しう(19)なん▲16。命長くて、なほ(20)位《くらゐ》高くなども見なしたまへ▲17。さて(21)こそ九品《ここのしな》の上にもさはり(22)なく生まれたまはめ▲18。▲19この世にすこし恨み残るはわろき(23)わざとなん▲20聞く」など涙ぐみてのたまふ。

重要単語を訳してみよう！

＊答えは別冊63ページ

①
尼君〔乳母〕も起き上がって、「（俗世を棄《す》てても）惜しくもない（わが）身だけれど、(1)＿＿＿ことが(2)＿＿＿と（私が）思いましたこと〔理由〕は、ただ（一つだけ）、(3)＿＿＿、あなたさま〔源氏〕の御前にお仕えしてお目にかかることが今までどおりにはきっといかなくなるようなことを（私は）(4)＿＿＿思いまして（出家を）ためらったけれど、（実際に尼になってみると）出家の(5)＿＿＿でよみがえって〔命をとりとめ〕、(6)＿＿＿(7)＿＿＿くださった（源氏のお姿）を拝見しましたので、今は阿弥陀仏の（極楽《ごくらく》への導きの）御光も清らかな〔すがすがしい〕気持ちで自然と待つことができます」などと(8)＿＿＿て、弱々しそうに泣く。

②
（源氏の君は）「(9)＿＿＿(10)＿＿＿ことが(11)＿＿＿ようで(12)＿＿＿なさるのを、心安らかでなく〔不安な気持ちで〕嘆き(13)＿＿＿ていたが、(14)＿＿＿

注 **御前にさぶらひ御覧ぜらるることの変りはべりなんこと**＝源氏の前にお仕えしてお目にかかることが今までどおりにはきっといかなくなること。出家《しゅっけ》して俗世の縁を切ると以前のように乳母として会えなくなることをいう。

注 **忌むこと**＝出家。「俗世を忌み嫌う」の意味。

注 **阿弥陀仏の御光**＝臨終の際に、仏が死者を極楽へ導くこと。光輝く姿で天からお迎えに来る。

古文常識

●**九品の上**196＝仏教では、死者は極楽で新たに生まれ直す（極楽往生）。極楽往生に九階級あり、これを「九品」「九品蓮台《くほんれんだい》」という。「九品の上」とは、その九階級の最上階級。

読解のヒント

◆全文……第1段落が尼君のセリフ。第2段落のセリフは、「」のあとに尊敬語「のたまふ」があるから源氏。ところで、冒頭の「尼君」はだれか。これを「老いて病に臥す乳母」と考える以外に、ほかに登場人物がない。

◆ℓ1〜3……「惜しげなき身」「棄てがたく」は、一見すると命のことかと見誤るが、注を参考にして2〜3行目へつなげようとすると、ここはまだ「出家」の話。

◆ℓ5〜6……「かく渡りおはします」の主語は尊敬語「おはします」があるから高位の源氏。その源氏を「見たまへはべりぬる」のは、謙譲語の「たまへ」により尼君（乳母）。源氏を見たので、もういつ死んでも思い残すことはない。

◆ℓ8〜13……源氏のセリフは重要単語の連発。それ以外を拾うと、「嘆き」「命長くて」「涙ぐみて」などから、乳母の病気を悲しみ、長生きを願っていることがわかる。

(15)［　　］た様子で(16)［　　］なさるので、(17)［　　］(18)［　　］(19)［　　］。長生きして、(20)［　　］（私の）位が高くなるのなども見届けてください。(21)［　　］て（のちに）極楽九階級の最上階級にも(22)［　　］なく生まれ（直して）ください。この世に少しでも恨み（未練）が残るのは（往生《おうじょう》に）(23)［　　］ことだと聞いていますよ」などと（源氏は）涙ぐんでおっしゃる。

③

(24)かたほなるをだに▲21、乳母《めのと》やうの思ふべき人(注)は▲22あさましう(25)まほに(26)見なすものを▲23、まして▲21いと(27)面《おも》立《だ》たしうなづさひ(注)仕《つか》うまつりけん▲24身もいたはしう、かたじけなく思ほゆべかめれば▲25、すずろに(28)涙がちなり。（夕顔）

(注)思ふべき人＝子どもをかわいがるはずの人。

(注)面立たしうなづさひ仕うまつりけん身＝名誉を感じておそばにお仕えしたようなわが身。源氏に仕えた乳母の光栄をいう。

古文常識

●**乳母**98＝養育係。

読解のヒント

◆ℓ14～17……尼君が17行目で「涙がち」なのは、第２段落の源氏の優しいセリフがもったいないほどうれしいから。その心理を細かに説明したのが、14～17行目「かたほ…べかめれば」。この部分は難解だが、「だに～まして」の構文の特徴（▲21参照）を使って言葉不足を補うとわかる（現代語訳の補足参照）。

③

(24)［　　　］（子ども）をさえ、乳母のような子どもをかわいがるはずの人は(25)［　　　］ほど(26)［　　　］見なす〔ひいき目で見る〕ものなのに、まして（源氏のように本当に完全な方を養育した乳母は、ひいきするまでもなく）(27)［　　　］名誉を感じておそばにお仕えしてきたようなわが身までもが大切で、もったいなく思われるようなので、（乳母は）(28)［　　　］涙がちである。

29 源氏物語

源氏が病気療養で北山に滞在中、ある僧坊を覗《のぞ》き見て、美しい少女若紫《わかむらさき》を発見した場面である。

①中に、十ばかりにや◀1あらむ◀2と見えて、白き衣、山吹などの◀3なれたる着て、走りきたる女児、(1)あまた見えつる子どもに似るべ◀4うもあらず、(2)いみじく生《お》ひ先見えて、(3)うつくしげなるかたちなり。

②髪は扇をひろげたるやうにゆらゆらとして、顔は(4)いと赤くすりなして立てり。

③「何事ぞや◀5。童《わらは》べと腹立ち給◀6へる◀7か◀8」とて、尼君(注)の見上げたるに、すこし覚えたる所あれば、「子な◀9めり」と見給ふ。

(注)尼君＝若紫の祖母。

読解のヒント

◆ℓ1～4……覗いている源氏の目が、十歳くらいの少女にくぎづけになる。昔は少女のうちに、のちのちの結婚の対象として見そめることもある。

◆ℓ5～7……7行目「童と喧嘩したの？」と言う尼君の言葉から、5～6行目「顔はいと赤くすりなし」は、泣いて手でこすって若紫の顔が赤くなっているとわかる。

◆ℓ8……源氏は、若紫を尼君の「子どもだろう」と思った。実際は孫なのだが、覗き見の源氏には事実はわからない。

重要単語を訳してみよう！

＊答えは別冊66ページ

①（僧坊に人が見える、その）中に、十歳くらいであろうかと見えて、白い（下着の）衣に、山吹（色の襲《かさね》）などで着ならした衣を着て、走ってきた女の子（がいる、その少女若紫）は、（1）［　　］見えている子どもたちとはおよそ似ておらず、（2）［　　］将来が見えて、（3）［　　］顔かたちである。

②髪は扇を広げたように（裾《すそ》が）ゆらゆらとして、顔は（4）［　　］赤く（手で）こすったようにして立っている。

③「何事ですか。子どもたちと（喧嘩して）腹を立てていらっしゃるのですか」と言って、尼君が（若紫を）見上げているその顔に、少し（若紫の顔が）似ているところがあるので、「（尼君の）子であるようだ」と（思って源氏は）ご覧になる。

④「雀の子を、犬君《いぬき》(注)が逃がしつる。伏籠《ふせご》の中に籠《こ》めたりつる◀10ものを」とて、(5)いと(6)口惜しと思へり。

⑤この(7)ゐたるおとな、「(8)例の心なしの◀11、(9)かかるわざしてさいなま◀12るるこそ、(10)いと(11)心づきなけれ。いづかたへ◀13かまかりぬる。(12)いと(13)をかしう、(14)やうやうなりつる◀14ものを。烏《からす》など◀15もこそ見つくれ」とて立ちてゆく。

⑥髪ゆるるかに(15)いと長く、(16)めやすき人◀16なめり。

⑦少納言の乳母《めのと》とぞ人いふ◀17めるは、この子の後見《うしろみ》(注)なる◀18べし。

⑧尼君、「いで、(17)あなをさな◀19や。(18)いふかひなう(19)ものし給ふ◀20かな。おのが(20)かく今日明日に覚ゆる命を◀21ば、何とも思《おぼ》し◀22たらで雀したひ給ふほどよ。罪得ることぞと常に(21)聞こゆるを。(22)心憂く」とて、「こち◀23や」と言へば、つい(23)ゐたり。

⑨面《つら》つき(24)いと(25)らうたげにて、眉のわたりうちけぶり、(26)いはけなくかいやりたる額《ひたひ》つき、髪ざし、(27)いみじう(28)うつくし。

⑩「ねびゆか◀24むさま、(29)ゆかしき人◀25かな」と、目とまり給ふ。

(注)犬君＝召使いの女童《めのわらわ》。若紫と同年代。
(注)後見＝若紫の世話役。

④「雀の子を、（召使いの）犬君ちゃんが逃がしてしまったの。伏籠の中に閉じ込めておいたのに」と言って、［(5)　］［(6)　］と（若紫は）思っている。

⑤この［(7)　］いる大人が、「［(8)　］の心ない者〔ぼんやりした犬君〕が、［(9)　］ことをして叱《しか》られるのは、［(10)　］［(11)　］。（雀は）どっちへ行ってしまったのかしら。［(12)　］［(13)　］、［(14)　］なっていたのに。烏などが（雀を）見つけたら大変だわ」と言って立って（向こうへ）行く。

⑥髪はゆったりと［(15)　］長く、［(16)　］人であるようだ。

⑦（その人のことを）少納言の乳母と人が言っているようなのは、この子〔若紫〕の世話役なのであろう。

⑧尼君は、「なんと、［(17)　］幼いわねえ。［(18)　］［(19)　］なさるのねえ。私が［(20)　］今日明日にもと思える命（であるの）を、なんともお思いにならないで雀を慕っていらっしゃるなんて。（生きものを捕らえるのは、仏の）罰が当たることだとい

古文常識

●**伏籠**145＝香を薫《た》くのに使う籠《かご》。

●**乳母**98＝養育係。

読解のヒント

◆ℓ9～10……「雀の…ものを」は若紫の言葉。泣いて顔を赤くしている理由が、ここでわかる。

◆ℓ11～16……「このゐたるおとな」は、16行目で「少納言の乳母」で「若紫の世話役」とわかる。「いづかたへかまかりぬる」は、後文の「烏などもこそ見つくれ」により、雀の子を探しているとわかる。

◆ℓ17～20……尼君は若紫の幼さを嘆く。自分の命が長くないと思うと、心配が募るのだ。

◆ℓ21～23……若紫の「眉・額・髪」に「目とまり給ふ」のは、覗き見している源氏。

つも (21)＿＿＿ のに。(22)＿＿＿ （思う）」と言って、

「こっちへ（おいで）」と言うと、（若紫は膝を）ついて (23)＿＿＿ た。

⑨ 顔つきが (24)＿＿＿ (25)＿＿＿ て、眉《まゆ》のあたりがほんのりとして（美しく）、(26)＿＿＿ （髪を）かきあげている額の様子や、髪のはえぎわが、(27)＿＿＿ (28)＿＿＿。

⑩ 「（これから）成長していくような様子を、(29)＿＿＿ 人だなあ」と、（源氏の）目がとまりなさる。

⑪ 尼君、髪をかきなでつつ、「けづる事を(30)うるさがり給へど、◀26をかし(31)の御髪や。◀27いとはかな(32)う(33)ものし(34)給ふこそ、あはれに(35)うしろめたけれ(36)。かばかりになれば、いとかから(37)(38)ぬ◀28人もあるものを。◀29故姫君(注)は、十二にて殿(注)におくれ(39)給ひし後、◀30ただ今おのれ見すてたてまつらば、◀34いかで(41)世におはせむとすらむ」◀35◀36とていみじう(40)ものは思ひ知り給へりしぞかし。◀31◀32◀33いみじく(42)泣くを、見給ふもすずろに(43)悲し。

⑫ 幼心地にも、さすがに(44)うちまもり(45)て、伏目になりてうつぶしたるに、こぼれかかりたる髪つやつやとめでたう(46)見ゆ。

⑬ 生《お》ひ立たむ　ありかも知らぬ◀37　若草を
おくらす(47)露ぞ　消えむ◀38そらなき

（若紫）

(注)故姫君＝尼君の娘。若紫の母。すでに亡くなっている。
(注)殿＝尼君の夫。故姫君の父。

⑪ 尼君は、（若紫の）髪をなでつつ、「櫛《くし》で梳《す》くことを (30)［　　　］ なさるけれど、(31)［　　　］ 御髪ですねえ。(32)［　　　］ (33)［　　　］ (34)［　　　］ なさるのが、(35)［　　　］ (36)［　　　］。これくらい（の歳）になれば、(37)［　　　］ (38)［　　　］ ではない（しっかりした）人もあるのに。亡くなった（あなたの母である）姫君は、十二歳で父君に (39)［　　　］ なさったあと、(40)［　　　］ ものごとは考え知って〔道理をわきまえて〕いらっしゃいましたよ。たった今もしも私が（死んで、あなたを）見捨て申し上げ（ることになっ）たら、(41)［　　　］ 世に（暮らして）いらっしゃろうとするのだろう」と言って（尼君が）(42)［　　　］ 泣くのを、見ていらっしゃるのも（源氏は）(43)［　　　］ 悲しい。

⑫（若紫は）幼い心にも、（尼君の泣き顔を）(44)［　　　］ (45)［　　　］ て、伏し目（がち）になってうつむいている（その

読解のヒント

◆ℓ24〜29……「　」は尼君のセリフ。故姫君（若紫の母）が十二歳のときと、今の若紫を比べている。ともに早くに親を亡くしているが、故姫君は「ものは思ひ知り」なさっていた。若紫の幼さをここでも嘆く。「もし私が見捨てたら」とは、前のセリフに18行目「今日明日に覚ゆる命」とあったから「死ぬ」ことと判断する。

◆ℓ30……尼君が泣くのを「見給ふ」のは源氏。尊敬語「給ふ」で判断する。「悲し」は、源氏の尼君への同情。

◆ℓ33〜34……内容からして尼君の歌。「若草」は若紫、「露」ははかない命の尼君の比喩。生い先の心配とは、具体的には若紫の結婚の心配。

顔）に、こぼれかかっている髪がつやつやと (46)［　　　］（源氏の目に）見える。

⑬（尼君の歌）

成長していく生《お》い先《さき》〔どなたと結婚するか〕もわからない若草のような若紫を (47)［　　　］露のような（はかない命の）私は消えようがない〔心配で死んでも死にきれない〕。

LOVE

第7章

和歌

30 万葉集

I

もみぢ葉の 散らふ(注)山辺ゆ(注) 漕《こ》ぐ船(注)の (1)にほひに(2)めでて 出《い》でて来に▲1けり

(注)ふ＝〜し続ける。上代の助動詞で、反復・継続を示す。
(注)ゆ＝〜を通って。上代の格助詞で、さまざまな用法があるが、この場合は、通過点を示す。
(注)船＝ここは「官船」で、朱色の船。

II

物みなは (1)あらたしき(2)よし ただしくも(注) 人は古《ふ》りに▲1し (3)よろしかる▲2べし

(注)ただしくも＝ただし。

読解のヒント

I
◆一〜三句……入江近くまで山が迫っている場所なのだろう。紅葉の山のそばを船が通る。
◆三〜五句……船の朱色が紅葉の赤に一層映える。作者は、その美しさに思わず出て来る。

II
◆一〜五句……「物」と「人」の対比。物は「あらたしき」が「よし」、人は「古」いのが「よろし」。

重要単語を訳してみよう！

＊答えは別冊70ページ

I 紅葉が散り続ける山の辺りを通って漕ぐ（朱色の）船の、（紅葉に照り映える）(1)［　　］に(2)［　　］て、（私は）出て来てしまいましたよ。

II 物はみな(1)［　　］のが(2)［　　］。ただし、人は古い（年をとった者の）ほうが(3)［　　］はずだ。

31 古今和歌集

Ⅰ

吹くからに　秋の草木の　しをるれば
むべ(1)山風を　あらし(注)といふらむ◀1
（文屋康秀《ふんやのやすひで》）

(注)あらし＝草木を「荒らし」という意味上のつながりと、「山＋風＝嵐」という文字上の趣向の掛詞《かけことば》。

Ⅱ

山里は　冬ぞ◀1さびしさ　まさりける◀2
人目も草も　かれ(1)(2)(注)ぬ◀3と思へば
（源《みなもとの》　宗于《むねゆき》朝臣《あそん》）

(注)かれ＝この場合は掛詞。

読解のヒント

Ⅰ
◆一句……「からに」は、「見るからに」などと同じく「〜するとすぐに」。
◆一〜三句……上句は、下句の「山風をあらしという」に対する理由づけ。

Ⅱ
◆一〜五句……「冬ぞ…まさりける」の「ぞ〜ける」は係結び。よって、第三句が意味上の文末。第五句の「思へば」が文末の形を取っていないので、上句と下句の倒置。
◆四〜五句……「人目も(1)かれ」「草も(2)かれ」の掛詞。それぞれの「かれ」の意味を考える。

重要単語を訳してみよう！

＊答えは別冊71ページ

Ⅰ

吹くとすぐに、秋の草木がしおれていくので、(1)［　　］、山風を「荒らし」と言い、「嵐」と書くのであろう。

Ⅱ

山里は冬が（最も）寂しさがまさっているなあ。人目も(1)［　　］てしまい〔だれも訪ねて来なくなるし〕、草も(2)［　　］てしまうと思うと。

Ⅲ

名にし負はば▲1 いざ言《こと》問はん▲2 都鳥(注)
わが思ふ人(注)は ありやなしや▲3と▲4
（在原《ありわらの》業《なり》平《ひら》）

(1) 名にし負はば (2) いざ

(注)都鳥＝ユリカモメ。
(注)わが思ふ人＝私の愛する妻。都に妻を残して、作者は旅に出ている。

読解のヒント

Ⅲ
◆二〜三句……「質問しよう、都鳥よ」。その質問の内容が第四〜五句。
◆四〜五句……私の愛する妻は「ありやなしや」と。旅先で妻を思うのだから、「(元気で)いるかどうか」ということ。妻が「都」にいるので、「都鳥」に問うのである。

Ⅲ

もし（都という）(1)［　　］なら、(2)［　　］（おまえに）問うてみよう、都鳥よ。私の愛する妻は（都で）元気に過ごしているかどうかと。

32 後拾遺和歌集

I

① 月のいと(1)おもしろく(2)侍《はべ》りける夜、きしかた(3)ゆくすゑ(4)もありがたき(5)ことなど思う給◀1へて、かち(6)より輔親《すけちか》が◀2六条の家にまかれりけるに、夜更けて◀3ければ、人もあらじ◀4と思ひ行きけるに、すみあらしたる家のつま(注)にゐ(7)て、前なる池に月のうつりて侍りけるをながめ(8)てな◀5ん侍りける。

② 同じ心にもなどいひて、よみ侍りける、

③ 池水は　あまのがはにや◀6　かよふら◀7ん
空なる月の　そこに見ゆるは

懐円法師

(注)つま＝縁先。縁側の端。

読解のヒント

I

◆詞書《ことばがき》……出典が和歌集だから、前6行は和歌の紹介文。和歌の作者・懐円法師がどんな状況で歌を詠んだかを説明。

◆ℓ1～5……月の夜、懐円は輔親の家に行く。起きているとは期待せずに行くが、輔親は池の月を見ていた。

◆ℓ6～9……懐円は「空の月」、輔親は「池の月」を愛でる「同じ心＝風流心」をともに持っていた。それを喜ぶ歌。「空の月が池の底にあるのは、池と天の河が通じているのかなあ」。そのように、ふたりの心も通じているのだな、ということ。

重要単語を訳してみよう！

＊答えは別冊72ページ

I

① 月が(1)［　　］(2)［　　］ございました夜、（こんな月夜は）(3)［　　］も(4)［　　］も(5)［　　］ことなどと（私〔懐円〕が）思いまして、(6)［　　］で輔親の六条の家に参りましたが、夜が更けてしまっていたので、（輔親の家では起きている）人もいないだろうと思い（ながら）行ったところ、（輔親が）住み荒らした家の縁先に(7)［　　］て、前にある池に月が映っておりましたのを(8)［　　］ておりました。

② 「（月を愛《め》でる私たちは）同じ心だなあ」などと言って、詠《よ》みました（歌）、

③ 池の水は天の河（の水）に通じているのだろうか、空にある月が（池の）底に見えているのは。そのように、池の月を愛でたあなたの心と、空の月を愛でた私の心も通じ合っているのですね。

懐円法師

Ⅱ

①心かはり侍《はべ》りける女に、

②(1)契《ちぎ》りき▼1な▼2 (2)かたみに(3)袖を しぼりつつ
末《すゑ》の松山(注) 波越さじ▼3とは
（清原元輔《きよはらのもとすけ》）

(注)**末の松山**＝宮城県の歌枕（和歌によく詠まれる名所）。海岸から順に、本の松山・中の松山・末の松山と三段構えの防波林。「末の松山を波が越えることはない」とは「絶対にあり得ない」ことの喩《たと》え。

読解のヒント

Ⅱ

◆詞書《ことばがき》……心変わりしたのは女のほう。

◆四～五句……字面の「末の松山を波が越すことはあり得ない」を、詞書の「女の心変わり」と結びつけると、「心変わりはあり得ない」となる。末の松山はあくまで比喩。

Ⅱ

①心変わりしました女に（詠《よ》んだ歌）、

②(1)［　　］たよね。(2)［　　］(3)［　　］ながら、末の松山を波が越すことはないだろう、そのように心変わりなど決してあり得ないと。

33 千載和歌集・新古今和歌集

Ⅰ

①　恋の歌とてよめる、

②　よもすがら(1)　物思ふころは　明けやらで◀1
閨《ねや》(注)の隙《ひま》◀2さへ　つれなかり(2)けり◀3
（俊恵《しゅんえ》法師／千載集）

(注)閨の隙＝寝室の戸の隙間。そこから差し込む朝の光をいう。

Ⅱ

古畑《ふるはた》の　岨《そば》(注)の立つ木に　ゐる鳩《はと》の
友呼ぶ声の　すごき(1)夕暮れ
（西行《さいぎょう》法師／新古今集）

(注)岨＝崖《がけ》。

読解のヒント

Ⅰ

◆詞書《ことばがき》……恋愛の歌。

◆二～三句……「物思ふ」ころは「夜が明けない」気がするのだから、恋愛の悩みごとであり、ひとり寝とわかる。相手の心が自分のほうにないのだろう。

◆四句……「さへ」（◀2参照）に注目すると、「（…だけでなく、）朝の光までも」が「つれなし」の状態。省略された「…だけでなく」を文脈で考える。

Ⅱ

◆一～五句……「古い畑」「崖に立つ木」「鳩の友を呼ぶ声」「夕暮れ」などは、寂しさを感じさせる風物。

重要単語を訳してみよう！

＊答えは別冊74ページ

Ⅰ

①　恋の歌と言って詠《よ》んだ（歌）、

②　(1)［　　　　］（恋の）物思いをしているこのごろは、（なかなか）夜が明けきらないで、（恋人だけでなく）寝室の戸の隙間《すきま》から差し込む朝の光までもが(2)［　　　　］なあ。

Ⅱ

古い（荒れた）畑の崖《がけ》に立つ木に止まっている鳩の、友を呼ぶ（ホウホウという）声が(1)［　　　　］夕暮れ（だなあ）。

ながれる
みず
あは

第8章

短文型

【34】

竹取物語・大和物語・伊勢物語・堤中納言物語・枕草子・徒然草・今昔物語・大鏡・今鏡・土佐日記・蜻蛉日記・紫式部日記・更級日記・源氏物語

34 短文型

A ① （天人がかぐや姫に）ふと天の羽衣うち着せたてまつりつれ◀1ば、翁《おきな》を、**いとほし**(1)、**かなし**(2)と思《おぼ》しつる◀2ことも**うせ**(3)ぬ◀3。

② この衣《きぬ》着つる◀4人は、物思ひなくなりにければ、車に乗りて、百人ばかり天人**具《ぐ》し**(4)て、のぼりぬ◀5。

（竹取物語）

B ① 下野《しもつけ》(注)の国に男女すみ**わたり**(1)けり。

② **としごろ**(2)すみけるほどに、男、妻《め》**まうけ**(3)て心かはり**はて**(4)て、この家にありける物どもを、今の妻の**がり**(5)かきはらひもて運び行く。

（大和物語）

(注)下野の国＝現在の栃木県。

C ① （毛虫の好きな姫君が、それを非難する両親に）「絹とて人々の着るも、蚕《かいこ》のまだ羽つかぬにしいだし◀1、蝶になりぬれば、いともそでにて(注)**あだに**(1)なりぬるをや◀2」とのたまふに、言ひ返すべう◀3もあらず、**あさまし**(2)。

（堤中納言物語）

(注)いともそでにて＝すっかりかえりみられないで。

重要単語を訳してみよう！

＊答えは別冊75ページ

A ① （天人がかぐや姫に）さっと天の羽衣を着せ申し上げたところ、（かぐや姫は）翁を、「(1)［　　］、(2)［　　］」とお思いになっていたことも(3)［　　］てしまった。

② この（天の羽）衣を着た人は、物思いがなくなってしまうので、（天飛ぶ）車に乗って、百人くらいの天人を(4)［　　］て、（月の世界へ）昇ってしまった。

B ① 下野の国に男と女が住み(1)［　　］ていた。

② (2)［　　］住んでいた間に、男は、（別の）妻を(3)［　　］て(4)［　　］心変わりしてしまって、この（元の妻と住んでいた）家にあったものなどを、今の妻の(5)［　　］洗いざらい運んで行く。

C ① （毛虫の好きな姫君が、それを非難する両親に）「絹と言って人々の着る布も、蚕（毛虫の一種）がまだ羽の付かないうちに作り出し（た糸で織るのに）、

D
①
（関白殿が）(注)出《い》でさせ◀1給◀2へば、権《ごん》(注)大納言の◀3御沓《くつ》とりてはかせ奉《たてまつ》り給ふ、**いと**(1)(注)ものものしくきよげに(注)よそよそしげに、(注)下襲《したがさね》の裾《しり》長く引き、**所せく**(2)て◀4さぶらひ給ふ。（枕草子）

(注)関白殿＝藤原道隆《みちたか》。
(注)権大納言＝道隆の子、伊周《これちか》。
(注)ものものしく＝おごそかで。
(注)よそよそしげに＝装い美しく。
(注)下襲＝男性の着物。身分が高いと裾が長い。

古文常識

●翁26＝おじいさん。ここは、かぐや姫を育てた「竹取の翁」のこと。

読解のヒント

A
◆ℓ1～3……天の羽衣を着せられたかぐや姫は、どういう思いを失うのか。3行目の「物思ひなくなり」がヒント。養父の翁に対する感情をなくすのだ。
◆ℓ4……ついに、かぐや姫は昇天する。

B
◆全文……男がある女と住んでいたが、新しい妻を作って心変わりし、家財道具全部を運び去る。

C
◆全文……3～4行目に、親は「言い返せない」とあるから、姫は毛虫の価値を「　」内で強く主張するはず。「絹」は毛虫の一種の「蚕」が作る。「蝶」は一般の女性が好む昆虫だが、姫の論理を類推すれば、蝶には「価値がない」。

D
◆全文……関白のお出かけのため、息子である権大納言が沓を取ってはかせる。「いとものものしく…さぶらひ給ふ」の主語は関白か権大納言か。「さぶらふ」が「お仕えする」という意味なので、関白のために「仕事して」いる「権大納言」が主語。

蝶になってしまうと、すっかりかえりみられないで (1)［　　　　］ものとなってしまうのになあ」と（毛虫の価値の実例を）おっしゃるので、（両親は）言い返すこともできず、(2)［　　　　］（といった様子である）。

D
①
（関白殿が）出ていらっしゃると、（息子である）権大納言が（関白殿の）御沓《くつ》を取ってはかせ申し上げなさる（その跪《ひざまず》いた権大納言のお姿は）、(1)［　　　　］おごそかで清らかで装い美しく、下襲の裾を長く引き、(2)［　　　　］て（関白殿に）お仕え申し上げなさる。

E

① むかし、あてなる(1)をとこありけり。

② そのをとこのもとなりける人を、内記《ないき》(注)にありける藤原(注)の敏行《としゆき》といふ人よばひけり。

③ されど(2)若ければ、文(3)もをさをさしからず(4)、ことばもいひ知らず、いはむや歌はよまざりければ、かのあるじなる人、案を書きて、かかせてやりけり。

（伊勢物語）

(注)内記＝律令制で、中務省《なかつかさ》に属する役人。文筆に優《すぐ》れた者を任じた。
(注)藤原の敏行＝平安時代の歌人。

F

① 宮(注)にはじめてまゐりたるころ、もののはづかしき(1)ことの数知らず、涙も落ちぬべければ、夜《よる》々まゐりて、三尺の御几帳《みきちゃう》のうしろにさぶらふに、絵などとり出《い》でて見せさせ給ふを、手にても(2)えさし出づまじうわりなし(3)。

② 「これは、とあり(4)、かかり(5)。それが、かれが」などのたまはす。

（枕草子）

(注)宮＝中宮。

E

① 昔、[(1)]男がいた。

② その男のもとに（侍女《じじょ》として働いて）いた人〔女〕を、内記〔文筆に優れた役人〕であった藤原敏行という人が（気に入って）求婚した。

③ [(2)]（女は）若いので、（返事の）[(3)]も[(4)]なくて、言葉の言い方〔使い方〕も知らず、まして和歌は詠《よ》まなかったので、あの主人〔例の雇い主〕である人が、案〔下書き〕を書いて、（女に）書かせて（敏行のところに）送った。

F

① 中宮（のところ）に初めて参上したころ、なにかと[(1)]ことは数知れず〔多くあり〕、涙も今にも落ちそうなので、（昼間は顔をお見せするのが恥ずかしいから）夜々（中宮のお部屋に）参上して、三尺の几帳の後ろにお控えしておりましたところ、（中宮は）絵など取り出して見せてくださるが、（私は）手も差し出すことが[(2)]て[(3)]。

② 「これ〔この絵〕はね、[(4)]、[(5)]。それ〔その絵〕がね、あれ〔あの絵〕がね」など（中宮は絵の詳《くわ》しい説明を）言ってくださる。

G ①

小舎人《こどねり》は、小さくて、髪(1)うるはしきが、▲1 裾《すそ》(注)さはらかに、すこし色(注)なるが、▲2 声(2)をかしうて、かしこまりて物など言ひたるぞ、(注)りやうりやうじき。

（枕草子）

(注)裾さはらかに＝髪の裾がさらっとして。
(注)色なる＝翡翠《ひすい》色に光っている。髪の美しい光沢のこと。
(注)りやうりやうじき＝物馴《な》れて気がきいた感じだ。

古文常識

● **よばふ** 3＝求婚する。
● **御几帳** 115＝目隠しや間仕切りに使う可動式のカーテン。
● **小舎人** 87＝「小舎人童」のこと。雑用係の少年。

読解のヒント

E

◆全文……3人の登場人物と、関係を把握する。「あてなる男A」「Aのところにいる人B」「藤原敏行C」で、CはBに求婚しているから、Bは女。AとBはどんな関係か。5行目で、歌の詠めないBの代わりに案を書いてやる「あるじなる人」はAだから、「主人」。夫が妻の浮気の手助けはしないので、AはBの「雇い主」。

F

◆ℓ1〜4……作者・清少納言の初出仕の様子。最高位の中宮の前で緊張している。
◆ℓ3〜6……中宮は清少納言の緊張をほぐしてやろうと、絵を見せて、「これはね…。それがね、あれがね」と、絵を指さして説明してくださる。

G

◆全文……「小舎人」はどんな子がいいか、作者の好みを述べる。

G ①

小舎人童《こどねりわらわ》は、小さくて、髪が (1)［　　］のが、裾がさらっとして、少し翡翠《ひすい》色に（つやつやと）光っている（そういう小舎人）が、声 (2)［　　］て、かしこまってものなどを言っているのは、物馴れて気がきいた感じだ。

H ① 鳥は、異《こと》(注)どころのものなれど、▲1鸚鵡《あうむ》、いと(1)あはれ(2)なり。 （枕草子）

② 人のいふらむ▲2言《こと》をまねぶ(3)らむ▲3よ。

(注)異どころのもの＝鸚鵡は西域《せいいき》（中国の西方諸国）の霊鳥と言われた。

I ① つぎさまの人(注)は、あからさまに(1)立ち出《い》でても、今日《けふ》あり▲1つる事とて、息もつぎあへず(2)語り興ずるぞかし▲2。 （徒然草）

(注)つぎさまの人＝教養や品位がそれほどでもない人。

J ① さて、冬枯れのけしき(1)こそ、秋にはをさをさ(2)劣るまじ▲1けれ。 （徒然草）

K ① 家のつくりは夏をむね(1)とすべし▲1。 （徒然草）

L ① あるいは猪《ゐ》の頭《かしら》、あるいは竜《たつ》の頭、このやうの恐ろしき形のたぐひ(1)そこばく(2)あり。 （今昔物語）

M ① （藤原全盛期を築いた藤原道長《みちなが》殿のような）さるべき(1)人は、とう(2)(注)より御心魂のたけく、御守(注)もこはき(3)なめり▲1とおぼえ

H ① 鳥は、異国のものだけれど、（霊鳥とされる）鸚鵡《おうむ》が、［(1)　］［(2)　］。

② 人がもし（何か）言うならそのような言葉を［(3)　］らしいよ。

I ① 教養や品位がそれほどでもない人は、［(1)　］立って出て行っても〔出掛けても〕、今日あったことだと言って、息もつぐことが［(2)　］（ほど）おもしろがって語る（ものだ）よ。

J ① さて、冬枯れの［(1)　］は、秋（の美しさ）には［(2)　］劣らない（風情）であろう。

K ① 家の造り（方）は夏を［(1)　］とするのがよい。

L ① あるいは猪《いのしし》の頭（をし）、あるいは竜の頭（をしているなど）、このような恐ろしい形の［(1)　］が［(2)　］いる。

はべるは。◂2

注 とう＝「とく」のウ音便化したもの。
注 御守＝神仏のご加護。

（大鏡）

読解のヒント

H
◆全文……「異どころ」は「異国」、この場合は中国のこと。この当時、まだ日本に鸚鵡はいない。

I
◆全文……今日こんなことがあった、あんなことがあった、とペラペラしゃべる人は、教養・品位が劣る。

J
◆全文……「冬枯れ」と「秋」の優劣を語っている。季節にはそれぞれの風情がある。その風情比べ。

K
◆全文……夏向きの家造りの勧め。京都は夏が非常に暑いから。冬の寒さも厳しいが、暖房は火鉢などが当時からあった。

L
◆全文……猪の頭、竜の頭の恐ろしい妖怪がいる。

M
◆全文……「さるべき人」は、藤原道長のような人。そういう人は肝っ玉が強く、神仏の加護もある。つまり、気が強く、運にも恵まれるということ。

M
①（藤原全盛期を築いた藤原道長殿のような）（1）［　　］人は、（2）［　　］から御心魂〔肝っ玉〕が強く、神仏のご加護も（3）［　　］のであるようだと思いますなあ。

N

「虚言《そらごと》の作り話『源氏物語』を書いた罪で紫式部が地獄に堕《お》ちた」との世評に対し、意見を述べた部分である。

①

まことに、世の中にはかく(1)のみ申し侍《はべ》れど◀1、ことわり(2)知りたる人の侍りし◀2は、大和《やまと》にも、唐土《もろこし》にも、文(3)つくり、人の心をゆかし(4)◀3、暗き心を導くは、常のことなり。

②

妄語《まうご》などいふべき◀4にはあらず。

（今鏡）

O

①

四日。楫《かぢ》取り、「今日、風雲のけしき(1)ははなはだあし(2)」と言ひて、船出《い》ださず◀1なりぬ◀2。

②

しかれども(3)、ひねもす(4)に波風立たず。

（土佐日記）

P

①

十六日。風波《かぜなみ》やまねば◀1、なほ(1)同じ所に泊まれり。

②

ただ海に波なくして、いつしか(2)御崎《みさき》(注)といふ所わたら(3)む◀2とのみなむ思ふ。

③

風波とにに(注)やむべく◀3もあらず。

（土佐日記）

(注)御崎＝室戸岬。
(注)とにに＝急に。

N

①

本当に、世の中では (1)[　　　] 〔紫式部の批判〕ばかり申しておりますけれど、(2)[　　　] を知っている人がおり（その人が言い）ましたことには、日本でも、中国でも、(3)[　　　] を作り、人の (4)[　　　]、暗い心を（明るく賢明な道へ）導くのは、ふつうのことである。

②

（だから、『源氏物語』が作り話だからといって）妄想から出た言葉〔嘘《うそ》〕などと言うことはできない（と言う、私も同感です）。

O

①

四日。揖取《かじ》り〔船頭〕が、「今日は、風や雲（行き）の (1)[　　　] がはなはだしく〔たいへん〕(2)[　　　]」と言って、船を出さなくなってしまった。

②

(3)[　　　]、(4)[　　　]（海は）波も風も立たない。

P

①

十六日。風も波もやまないので、(1)[　　　] 同じ所に（船は）泊まっている。

②

ただ（ひたすら）海に波がなく、(2)[　　　] 御崎〔室戸岬〕という

Q
①
（孫の誕生五十日《いか》の祝の宴席で酔った藤原道長《みちなが》が、娘である中宮の部屋の）御帳《みちやう》のうちを通らせ給ふ。

②
「宮なめし(1)とおぼすらむ。親のあればこそ子もかしこけれ(2)」と、うちつぶやき給ふを、人々(注)笑ひきこゆ(3)。

（紫式部日記）

(注)人々＝中宮に仕える女房たち。

古文常識
● 御帳 116＝寝台。

読解のヒント

N
◆ℓ1～2……世の中では紫式部を非難する。「ど」の逆接により、後文で紫式部を擁護するはず。「ことわり知りたる人」の意見を借りる。もちろん作者も同意見のはず。
◆ℓ2～4……作り物語は、日本でも中国でも人の暗い心を導く。「妄想の語（嘘）」とは言えない。

O
◆全文……船頭が今日の天候を口にして、船を出さない。実際は波風立たず、天気予想はハズレ。

P
◆全文……『土佐日記』は、土佐の国守（地方国の長官）だった作者が、任期を終えて都に戻る船旅日記。十六日は悪天候により船が停泊中。

Q
◆全文……「御帳の中を通る」のも、そのあとのセリフも、道長が酔っぱらった状態であることを考慮して読解すること。

所を(3)［　　　］たいとばかり思う。

③
（しかし、）風や波は急にやみそうもない。

Q
①
（孫の誕生五十日の祝の宴席で酔った藤原道長が、娘である中宮の部屋の）御帳〔寝台〕の中を（ずかずかと）お通りになる。

②
（道長は）「中宮は（私を）(1)［　　　］と思っていなさるだろう。（が、この立派な父）親がいるからこそ子（のおまえ）も(2)［　　　］（中宮の立場な）のだよ」と、（酔ってぶつぶつ）つぶやきなさるのを、（中宮に仕える）女房たちが（ほほえましく）笑い(3)［　　　］。

R

作者は養女をもらうことにした。夫が以前通っていた女性にかわいい女の子がいると人づてに聞いて、興味を持つ。

① この人(注)も知らぬ◀1幼き人は、十二・三のほどになりにけり。

② ただそれひとりを身に添へて(注)な◀2む、かの志賀の東の麓に、湖をまへに見、志賀の山を後方《しりへ》に見たるところの、◀3(1)いふかたなう心ぼそげなるに、明かし暮らしてあ◀4なると聞きて、(2)さる住まひにて思ひ残し言ひ残す(注)ら◀5むとぞ、まづ(3)思ひやりける。

（蜻蛉日記）

(注)人＝作者の夫・藤原兼家《かねいえ》。
(注)身に添へて＝実母が自分のそばにいつも置いて。
(注)思ひ残し言ひ残す＝物思いの限りを尽くし、愚痴の限りを言い尽くす。

S

① 等身に薬師仏をつくりて、手あらひなどして、人(注)まに(1)みそかに入《い》りつつ、「京に(2)とくあげ給ひて、物語の多くさぶ◀1らふな◀2る、あるかぎり見せ給◀3へ」と、身をすてて額《ぬか》をつき、祈り申す…〈後略〉…。

（更級日記）

(注)人ま＝人のいない間。

R

① この夫も（その存在を）知らない幼い人は、十二・三歳くらいになっていた。

② （実母に当たる人は）ただその子ひとりを自分自身のそばにいつも置いて、あの志賀（山）の東の麓で、（琵琶）湖を前に見、志賀の山を後ろのほうに見た場所で（しかも）、(1)［　　　　］心細そうな所に、（夜を）明かし（日を）暮らしているとかいうことだと（人づてに）聞いて、(2)［　　　　］住まいで物思いの限りを尽くし、愚痴の限りを尽くしているのだろうと、（何よりも）まず(3)［　　　　］た。

S

① 等身大〔自分と同じ大きさ〕に薬師仏を作って、手洗い〔手を清めること〕などして、人のいない間に(1)［　　　　］（部屋に）入っては、「京に(2)［　　　　］上らせてくださって、（都には）物語が多くございますとかいう（それらを）、あるかぎり〔全部〕見せてください」と、身を捨て〔身を投げ出し〕て額をついて、（薬師仏に）祈り申し上げる…〈後略〉…。

T ①

この猫を北面《きたおもて》(注)にのみあらせて◂1呼ばねば◂2、**かしがましく**(1)鳴き**ののしれ**(2)ども◂3、…〈後略〉…。

（更級日記）

(注)**北面**＝建物の北側にある下々の者がいる部屋。

読解のヒント

R

◆ℓ1……作者は夫がよそで作った女の子を養女にしようとするが、夫はこの娘の存在を知らない。おそらく、一時的なつき合いだったと思われる。

◆ℓ3～7……実母はこの子と、心細そうな住まいでふたり暮らし。さぞ、悩み苦しみ愚痴を言っているだろうと思う。夫の不実や自分の運命を恨んでいるだろうと、作者は思うのだ。

S

◆全文……等身大の仏を作って、だれもいない間に必死で祈る。京の都で物語を見せてほしいと。

T

◆全文……この猫は、下々の部屋に置いてこちらに呼ばないと、鳴く。

T ①

この猫を北面（の下々の者がいる部屋）にばかりいさせて（こちらに）呼ばないので、(1)［　　　］鳴き(2)［　　　］けれども、…〈後略〉…。

U

母君に続いて母方の祖母を失った七歳の光源氏が、父帝のもとで成長していく様子を描いた部分である。

① 今より、(1)なまめかしう(2)はづかしげにおはすれば、(3)いと(4)をかしう、うち解けぬ◀1遊びぐさ(注)に、たれもたれも、思ひ(5)聞こえ◀2たまへり。

② わざとの御学問は(6)さるものにて、琴・笛の音にも雲井(注)を響かし…〈後略〉…。　（源氏物語）

(注)遊びぐさ＝遊び相手。
(注)雲井＝宮中。

V

① この女君(注)、(1)いみじくわななき(2)まどひて、いかさまにせむ◀1と思へり。

② 汗もしとどになりて、(3)われかの(4)けしきなり。　（源氏物語）

(注)女君＝夕顔の君。ここは、六条御息所《ろくじょうのみやすんどころ》の生霊《いきりょう》に襲われた場面。

W

① 「(1)いくばくも侍《はべ》る◀1まじき老いの末に、うち捨てられたる(注)がつらうも侍るかな◀2」と(2)せめて思ひ静めてのたまふ(3)けしき、(4)いと(5)わりなし。　（源氏物語）

U

① （幼い）今から、(1)［　　］(2)［　　］いらっしゃるので、(3)［　　］(4)［　　］、（しかしまた同時に）うち解け（て気安くはつきあえ）ない遊び相手だと、だれもがみな、思い(5)［　　］ていらっしゃる。

② わざわざ（なさる正式）のご学問は(6)［　　］、琴や笛の音（といった教養面）でも宮中に（その名を）響かせ…〈後略〉…。

V

① この女君〔夕顔〕は、（六条御息所の生霊に襲われて）(1)［　　］わなわな震え(2)［　　］て、どうしたらよいのだろうと思っている。

② 汗もぐっしょりになって、(3)［　　］(4)［　　］である。

W

① 「(1)［　　］も（生きて）おりますことができない老いの果てに、娘に先立たれたことがつらくもありますなあ」と(2)［　　］思いを静めておっしゃる(3)［　　］は、(4)［　　］（つら

(注)うち捨てられたる＝娘に先立たれたこと。

X ①(私は娘を)命の限りはせばき(注)衣にもはぐくみはべり▲1なむ。
②かく(1)ながら見棄《みす》(注)てはべり▲2なば、「浪の中にもまじりうせ(2)▲3ね」と▲4なむおきて(3)はべる。

(源氏物語)

(注)せばき衣にも＝貧しい生活をしても。
(注)見棄てはべりなば＝もし私が死んで娘を見捨てることになりましたら。

読解のヒント

U
◆全文……源氏は七歳の今からもう、「学問」も「琴・笛」も宮中に名が響くほど優《すぐ》れている。遊び相手として「うち解けない」とは、気安く遊ぶには源氏は立派すぎる。

V
◆全文……六条御息所の生霊に襲われた女君(夕顔)の様子。「わななき」「汗もしとど」で、恐怖の極限にあるのがわかる。

W
◆全文……年老いて娘に先立たれた親がつらさを人に語る。「思いを静めて」は、こみあげる悲しさをこらえていること。

X
◆全文……どんな貧乏をしてでも娘を立派に育てる覚悟。それでも、もし自分が死んだら、「海に身を投げろ」と娘に言ってある。

そうで)(5)［　　　］。

X ①(私は娘を)命の限りは貧しい生活をしてもきっと育てるつもりです。
②(1)［　　　］しながらもし(私が死んで娘を)見捨てることになりましたら、「波の中にでも混じり〔海に身を投げて〕(2)［　　　］しまいなさい」と(娘に)(3)［　　　］おります。

Y

光源氏から、姫君を紫の上の養女として二条院に迎え入れたいとの申し入れを受けた明石の上が、苦悩の末、姫君を手放す決心をする場面を描いたものである。

① (1)さかしき人の心の占《うら》どもにも、物問はせ▲1などするにも、(2)なほ「(3)渡り給ひてはまさるべ▲2し」とのみいへば、思ひ弱りにたり。（源氏物語）

Z

① 手を折りて数へ侍《はべ》れば、(1)かく(2)おとなしくならせ▲1給ひにける御齢《よはひ》の程も、夢のやうになむ▲2。（源氏物語）

読解のヒント

Y

◆全文……占いでも人に相談しても、答えは同じ。苦悩する明石の上が「思い弱る」のだから、「姫君を養女に」と勧めるのだ。

Z

◆全文……「御齢」を「手を折って数え」なければならないほどに年月が経ったのである。

Y

① (1)[　　]人の占いなどでも、（使いを遣《や》って人の意見を）問わせなどしても、(2)[　　]「（姫君は源氏の二条院へ）(3)[　　]なさったほうがまさっている〔よい〕だろう」とばかり言うので、（母である明石の上は）気弱になってしまう。

Z

① 手（の指）を折って数えますと、(1)[　　](2)[　　]おなりになった（あなたの）ご年齢のほど〔成長の年月〕も、夢のように（思われます）。

単語番号	古文単語	現代語訳	本書見出し番号	関連語			
184	ゐる	座る・座っている	6 20 29 32				
185	～やる	遠く～する	R				
186	～はつ	～し終わる・すっかり～する	20 B				
187	うつつ	現実	2				
188	われか	茫然とする	V				
189	なやむ・わづらふ	①悩む②病気になる	7	なやみ	26		
190	しるし［著し］	顕著だ・はっきり現れている	25				
191	むね	中心	K				
192	はた	また	2				
193	こころ(を)やる	気を晴らす	24				
194	こころゆく	満足する・気がすむ	5	こころ(を)ゆかす	N		
195	さがなし	意地が悪い	4				
196	さらなり・ろんなし	言うまでもない・もちろん	21				
197	～さす	～するのを途中でやめる	21				
198	はしたなし	①中途半端だ②体裁が悪い・みっともない	26				
199	～さる	～になる・～が来る		夕さり	2		
200	やをら	そっと・静かに	23				
201	ようい	①用心②配慮・心遣い	16				
202	おくる	後に残る・取り残される	29	おくらす	29		
203	かる	離れる	31	掛枯る／離る			
204	なのめなり	①いいかげんだ・平凡だ②格別だ・すばらしい	24				
205	あだなり	①むだだ②はかない③浮気だ	C				
206	さはる	差し支える・じゃまになる	25	さはり	28		
207	せちなり	切実だ・一途だ	14				
208	おきつ	決める	X				
209	つれなし	①無関係だ②冷淡だ	5 33				
210	えん(なり)	①優雅だ・優美だ②色っぽい	9				
211	かたみに	互いに・代わる代わる	32				
212	やつす・やつる	①地味な姿に変える②出家する	27				
213	なにおふ・なにしおふ	その名を持つ	31				
214	いつしか	早く	26 P				
215	とが	罪・責任	11				
216	ほだし	束縛・しがらみ	11				
217	かこつ	不平を言う・愚痴を言う・嘆く	14				
218	なめし	無礼だ・失礼だ	Q				
219	すまふ	抵抗する	1				
220	まねぶ	①まねをする②学ぶ③伝える	H				
221	おぼえ	①評判②寵愛	26	おと	21 23		
222	こはし	強い	M				
223	うべ・むべ	なるほど	31				
224	をさをさし	大人びている・しっかりしている	E				
225	まさなし	よくない	6				
226	けやけし	目立つ・際立つ・はっきりしている	10				
227	いぎたなし	寝坊である・眠り込む	22	いはぬ	9	いもぬ	23
228	よし［由］	①理由②由緒③方法④趣・風情⑤趣旨・～ということ	15 26				
229	かまへて	①注意して・心して②［肯］必ず③［否］決して～ない	18				
230	はかなし	むなしい・頼りない	15 20 21 23 27 29				

単語番号	古文単語	現代語訳	本書見出し番号	関連語	
138	いくばく	どれほど	8 W		
139	あらまし	①計画②概略	8		
140	あらまほし	理想的だ	8		
141	いたし・いと	たいへん・はなはだしい	2 3 4 5 6 7 9 10 11 12 13 15 17 18 23 24 26 27 28 29 32 D H U W		
142	いとど	ますます	8		
143	あし	悪い	4 13 19 21 25 26 O		
144	わろし	よくない	13 28		
145	よろし	悪くない	30		
146	よし［良し・善し］	よい	3 11 12 13 25 30		
147	きしかた・こしかた	過去・これまで	9 32		
148	ゆくすゑ	将来・これから	8 9 32		
149	ひねもす	一日中・終日	O		
150	よ(も)すがら	一晩中・夜通し	33		
151	うしろめたし	不安だ・気がかりだ	6 29		
152	うしろやすし	安心だ	15		
153	まほなり	完全だ	28		
154	かたほなり	不完全だ	28		
155	さ・しか	そう・それ・そのように	1 5 8 10 11 14 17 21 24 25 28		
156	かく	こう・これ・このように	2 6 10 15 16 17 20 21 23 28 29 N X Z		
157	と	ああ・あれ・あのように	17 21		
158	さり・しかり	そうである・そうだ	1 5 6 12 14 R	さり・しかり＋接動：さ(しか)れば、さ(しか)らば、さりとも、さ(しか)れど(も)、さ(しか)るを・さ(しか)るに	2 8 11 20 23 E O
159	かかり	こうである・こうだ	6 11 23 26 29 F		
160	とあり	ああである・ああだ	F		
161	さるべき・しかるべき	①ふさわしい②立派な・身分の高い③そういう運命の	M		
162	さるものにて	①それはそれとして・それはともかく ②言うまでもなく・もちろん	U		
163	さながら・しかしながら	①そのまま②全部③まるで④結局・要するに⑤しかし	8 21		
164	いかで(か)	①どうして～か②どうして～か、いや～ない③なんとかして	9 23 25 29		
165	な～そ	～しないでほしい・～してはいけない	13		
166	名(を)形の語幹み	名が形ので	3		
167	きこゆ	①聞こえる②評判になる③申し上げる	3 9 23 25 26 28 29 Q U		
168	あな・あはれ	ああ	6 19 21 23 25 29		
169	～ごさんなれ。	～であるらしい・～だそうだ・～だということだ	19		
170	末＋ばこそあらめ、	～ならともかく	25		
171	ふみ	①手紙②書物③学問④漢詩	23 E N		
172	おこす	よこす	15		
173	いらふ	答える・返事をする		いらへ	21
174	まだし	①まだ早い②未熟だ	3 18		
175	ゆくりなし	突然だ・思いがけない	3		
176	すなはち	すぐに	21		
177	なべて	一般に・総じて	10 11		
178	おほかた	①だいたい・一般に②そもそも	12 13 25 26		
179	おのづから	①自然と②偶然・たまたま③万一・ひょっとして	8 10		
180	たぐひ	種類・例	26 L	ためし	26
181	れい	いつも	21 25 29		
182	はばかる	遠慮する・気にする	9 13 26		
183	まどふ	慌てる・心乱れる・困惑する	2 6 13 V	まどはす	27

さくいん

単語番号	古文単語	現代語訳	本書見出し番号	関連語			
92	いとほし	①いやだ②気の毒だ	A				
93	ながむ	①(遠くを見ながら)物思いに耽る②(和歌や漢詩を)朗詠する	21 22 23 32				
94	なかなか(なり)	①中途半端だ②むしろ・かえって	16 23				
95	まめなり	①誠実だ・まじめだ②実用的だ		まめやかなり	9 23		
96	にほひ	①美しい色②気品・威光	26 30				
97	をかし	①興味がある・興味深い②美しい・かわいい③趣深い・風流だ④おかしい・滑稽だ	3 6 9 12 29 G U				
98	おもしろし	①興味がある・興味深い②趣深い・風流だ③おもしろい・滑稽だ	24 32				
99	すずろなり	①なんとなく②不意に③むやみに・やたらと④無関係だ・つまらない	28 29				
100	おぼつかなし	①はっきりしない②不安だ・気がかりだ③待ち遠しい	9 15				
101	こころもとなし	①はっきりしない②不安だ・気がかりだ③待ち遠しい	2	こころもとながる	26		
102	よ・よのなか	①世間・俗世②男女の仲③政治	8 11 26				
103	ところせし	①窮屈だ②大げさだ・仰々しい③威厳がある	D	ところせげなり	9		
104	ちぎり	①約束②親しい仲・(男女の)深い仲③宿命	26	ちぎる	32		
105	たより	①手段②ついで・機会③縁故	3 8 15				
106	あはれなり	感慨深い	3 5 17 18 22 23 26 28 29 H			あはれがる	6 25
107	ゆゆし	①畏れ多い②不吉だ③たいへんすばらしい④たいへんひどい	5	ゆゆしげなり	6		
108	いみじ	①たいへん②たいへん〜	6 7 12 17 20 25 29 V	いみじげなり	6		
109	ものす	①いる・ある②する	3 11 20 28 29				
110	ゆかし	〜したい	29				
111	たがふ	違う	13 23				
112	わたる	移動する	20 28 P Y	〜わたる	9 28 B		
113	さかし	①しっかりしている②利口ぶる	Y				
114	え〜打消・〜あへず・〜かぬ	〜できない	2 8 10 14 19 20 25 26 F I				
115	かたし	難しい・できない	8 9 10 15 16 18 28				
116	さらに・よに・よも・つゆ・ゆめ・ゆめゆめ〜打消	まったく〜ない	8 13 21 25				
117	世を捨つ・遁る・背く・離る・厭ふ 御髪おろす・頭おろす	出家する	8 11 28				
118	いとけなし・いときなし・いはけなし	幼い	15 29				
119	うるさし・むつかし	わずらわしい・面倒だ・不愉快だ	12	うるさがる	29		
120	うつくし・らうたし	かわいい	29	うつくしげなり	29	らうたげなり	29
121	いそぎ・まうけ	準備	8 25	いそぐ	25	まうく	8 B
122	ずちなし・すべなし・〜かたなし・〜かひなし	(〜しても)どうしようもない	8 13 29 R				
123	かまし・かしまし・かしがまし・かまびすし	やかましい	T				
124	らうがはし	①乱雑だ②やかましい	27				
125	さかしら・こざかし・さかしだつ	利口ぶる(こと)	1				
126	いづこ・いづら・いづち	どこ	6 14	いづく	3 5 9		
127	ありし	昔(の)・過去(の)	15				
128	ありつる	先ほど(の)	5				
129	あらぬ	別の・違う	6				
130	さらぬ	①立ち去らない②避けられない③別の・違う	8				
131	つきづきし	ふさわしい・似つかわしい	12				
132	こころづきなし	いやだ・気に入らない	29				
133	いさ	さあ(?)	23				
134	いざ	さあ(!)	15 31				
135	なぞ・など	どうして	5 17 20 21				
136	なんでふ・なでふ	①なんという②どうして	12				
137	そこばく	たくさん	L				

単語番号	古文単語	現代語訳	本書見出し番号	関連語	
44	なほ	①やはり②もっと	5 12 13 15 19 23 26 28 P Y		
45	さすがに	そうは言ってもやはり	8 15 29		
46	わぶ	つらい・困る	25		
47	わびし	つらい・困る	21	わびしげなり	6
48	はかばかし	きちんとしている	26		
49	あたらし	もったいない	5	あらたし	30
50	むげ(なり)	ひどい	8 11		
51	うたて	いやだ	21		
52	すごし	ぞっとする	33		
53	すさまじ	ぞっとする	9		
54	かしこし	畏れ多い	13 Q		
55	くちをし	残念だ	15 23 25 28 29		
56	なまめかし	優雅だ・優美だ	U		
57	こころにくし	奥ゆかしい	9 10		
58	ねんず	①祈る②我慢する	20		
59	すきずきし	①風流好みである②恋愛好きである	24		
60	とし	早い	5 18 20 25 M S		
61	かなし	①愛しい②悲しい	2 11 A	かなしうす	15
62	はづかし	①恥ずかしい②立派だ・優れている	F	はづかしげなり	U
63	ことごとし	大げさだ・仰々しい	9		
64	なつかし	親しみを感じる	9		
65	あながちなり・せめて	強引に・無理に	W		
66	うるはし	きちんと整って美しい	G		
67	めやすし	見た目がよい・見た感じがよい	29		
68	しげし	多い	2		
69	ねむごろなり	①熱心だ・丁寧だ②親しくする	2 15		
70	あやし	①不思議だ・奇妙だ②身分が低い・みすぼらしい・田舎臭い	5 9 22	あやしげなり	15
71	わりなし	①筋が通らない・無理だ②どうしようもない・しかたがない	25 F W		
72	びんなし・ふびんなり	①不都合だ②気の毒だ	11 17 27		
73	かたはらいたし	①はらはらする・見苦しい②恥ずかしい・気づまりだ	16		
74	やがて	①そのまま②すぐに	9		
75	せうそこ	①連絡・手紙②挨拶・訪問	3		
76	いたづらなり	①むだだ②むなしい	5		
77	さうなし	①またとない・比類ない②ためらわない・無造作だ	10 12 19		
78	つとめて	①早朝②翌朝	2		
79	おどろく	①気がつく②目がさめる③驚く	3 5 6		
80	おどろおどろし	①はなはだしい②恐ろしい	21		
81	かしづく	①大切に世話する②大切に育てる	6 26		
82	かづく	①褒美を与える②褒美をいただく	3		
83	ついで	①順序②機会	12 15		
84	うす	①消える・いなくなる②死ぬ	17 A X		
85	いうなり	①優雅だ②優れている③優しい	16		
86	やうやう	①だんだん②さまざま	5 23 25 26 29		
87	ぐす	①連れて行く②連れ添う・結婚する	A		
88	しのぶ	①我慢する②人目を避ける	9		
89	こちたし	①大げさだ・仰々しい②うるさい・わずらわしい	25		
90	おこなひ	①修行②勤行		ぎゃうず	8
91	つれづれ(なり)	①長く続く②所在ない・手持ち無沙汰だ・退屈だ	9		

さくいん

表の見方 ▶▶

単語番号は、姉妹書『マドンナ古文単語230』の見出し番号です。

また、本書見出し番号は、その単語が本書で登場する文章の番号（第8章「短文型」はアルファベット）を表します。

『マドンナ古文単語230』で取り上げた見出し語の関連語についても、本書で登場する文章番号を右側に明記しました。

なお、本文では、さまざまな活用形や漢字表記で出ている場合があります。

単語番号	古文単語	現代語訳	本書見出し番号	関連語			
1	けしき	様子	7 18 19 25 J O V W				
2	かげ	光	5				
3	うし	つらい	24	こころうし	4 6 29	こころうがる	6
4	ことわり	道理	10 25 N				
5	ことわる	説明する	10				
6	げに	本当に	5 7 8 10				
7	ことに	特に	14 15				
8	あからさまなり	ちょっと・しばらくの間	I				
9	そらごと	嘘	23				
10	ひがこと・ひがごと	間違い	11				
11	やむごとなし	身分が高い・尊い	26				
12	あてなり	高貴だ・上品だ	E				
13	しるし［験］	効果・効きめ	28				
14	おろかなり	いいかげんだ・不十分だ	4 20				
15	さはれ・さばれ	どうでもいい・どうにでもなれ・ままよ	23				
16	さうざうし	物たりない・心寂しい	6				
17	をさをさ〜打消	ほとんど〜ない	J				
18	まもる・まぼる	見つめる・じっと見る	29				
19	としごろ	長年・数年	8 B	ひごろ	28		
20	あまた	たくさん	13 20 26 29	ここら	17		
21	かきくらす	悲しみにくれる	2	そでをしぼる	32		
22	けしう(は)あらず	悪くはない	1 18				
23	おとなし	大人らしい・分別がある・大人びている・大人っぽい	Z				
24	ときめく	時流に乗って栄える・寵愛を受ける・重用される	26				
25	おこたる	病気がよくなる	28				
26	あきらむ	明らかにする	13				
27	とみ(なり)	急	6 17 22	にはかなり	1		
28	あふ	結婚する・深い仲になる	2				
29	がり	〜のところへ	B				
30	くまなし	一点の曇りもない	14 23				
31	あく	満足する	26				
32	かたへ	そば・そばの人	11				
33	つごもり	月末	7				
34	みそかなり	ひそか・こっそり	S				
35	ありく	歩く	6 15				
36	かち	徒歩	32				
37	をこなり	ばかだ・愚かだ	23				
38	あさまし	驚きあきれる	5 21 23 28 C	あさましげなり	6		
39	あいなし	①不愉快だ・つまらない・いやだ②むやみに	26				
40	ありがたし	めったにない	32				
41	ののしる	①大騒ぎする②評判になる	20 T				
42	めづ	ほめる・感動する	30				
43	めでたし	すばらしい	24 29				

まろちゃんの古文Webへの道
ようおじゃった
まろまろドリーム古文ランドへ
ここは？
もっともっと古文に親しくなれるヒミツの場所じゃ
それ見やれ！
え？
あっマドンナ先生だ
授業が見られるのね
せんせー
はい いらっしゃい どうぞ
マドンナ古文Web
いざ…マドンナ古文の世界にご案内～♪
こっち
こっち、おっっ…
ぼくもわたしも
きゃー
入りきれないよ～っ!!
うおー
KOBUN
それなら…どうじゃほれー
いつでもケイタイパソコンでおうちでオッケー
わたしも見たい！
どうやったら見られるの？
UFO
かんたんじゃ 誰でもすぐ見られるよ
くわしくはこちらへ まろろん♪
ポン！
こりゃケッコー

パワーアップ版

マドンナ古文単語230

れんしゅう帖

別冊

解答＆重要単語・文法

Gakken

伊《い》勢《せ》物《もの》語《がたり》

12ページ

解答

(1)悪くはない　(2)利口ぶること（＊子のためを思ってよけいなこと・でしゃばりなこと）　(3)そう・そのように　(4)抵抗する（＊反抗する・逆らう）　(5)その・そうする・そのような　(6)急に

重要単語

姉妹書『マドンナ古文単語230』の単語の見出し番号

(1) **けしう(は)あらず** 22　悪くはない

(2) **さかしら** 125　利口ぶる(こと)

直訳は「利口ぶること」。息子の気持ちを無視し、相思相愛になったら大変だと、先手を取って女を追い出す算段をする親のことなので、「子のためを思ってよけいなこと・でしゃばりなこと」をするなどの意訳も可。

(3) **さ** 155　そう・それ・そのように

(4) **すまふ** 219　抵抗する

直訳は「抵抗する」。ここは、親に対する抵抗なので「反抗する・逆らう」の意訳も可。

(5) **さり** 158　そうである・そうだ
＊さる（連体形）＝そのような

(6) **にはかなり** 形動 27'　急だ

文法

姉妹書『マドンナ古文』の参照ページ

◀1 **ぬ**……打消の助動詞「ず」の連体形。　P110〜112

◀2 **もぞ**……「も」「ぞ」ともに係助詞。「も」「ぞ」が単独で使われた場合は、あえて訳す必要はない。が、「もぞ」とセットになると、「〜したら大変だ・〜したら困る」と訳す。　P48〜49　P50　第四・五章

◀3 **む**……助動詞「む」。この場合は意志。　P50

◀4 **こそいへ、**……「こそ」は強意の係助詞。「いへ」は動詞「いふ」の已然形。「こそ〜已然形、」は逆接用法で、「けれど」を補って訳す。

2 伊《い》勢《せ》物《もの》語《がたり》

13ページ

解答

(1)たいへん (2)熱心に・丁寧に (3)夕方 (4)こう・このように (5)熱心に・丁寧に (6)深い仲になり (7)また (8)深い仲になり (9)そうではあるけれど・けれど (10)多い (11)できない (12)深い仲になる (13)また (14)たいへん (15)たいへん (16)悲しく (17)翌朝 (18)たいへん (19)待ち遠しく(＊じれったく) (20)現実 (21)たいへん (22)はなはだしく(＊ひどく・激しく) (23)悲しみにくれる (24)慌《あわ》て・心乱れ・困惑し (25)現実

※(11)・(12)は解答欄の順が逆。

重要単語

(21)(18)(15)(14)(1)

いと 141

たいへん・はなはだしい

(5)(2)

ねむごろなり 69

❶熱心だ・丁寧だ
❷親しくする
＊「ねんごろ」の表記もある。

(2)(5)ともに、斎宮《いつきのみや》が親の言いつけを守って、男を大切にいたわる場面。6~7行目「朝には…来させけり」によって、至れり尽くせりのもてなしとわかるので、❶の意味。ここはまだ男女関係に進む前の場面なので、❷はダメ。

(3)

夕さり 名 199'

夕方

もとは動詞「~さる」で、「夕さる(=夕方になる)」。ここは、その名詞形で「夕方」。「夕去り」ではないので注意!!

(4)

かく 156

こう・これ・このように

(12)(8)(6)

あふ 28

結婚する・深い仲になる

「深い仲になる」が適訳。斎宮は神の妻なので、この場合は「結婚する」ことはあり得ないので、この訳はダメ。

(13)(7)

はた 192

また

(7)(13)ともに訳は「また」。(7)は、男が求愛し、女も「また」同じ気持ち。(13)は、男も「また」寝られない。逆に言うと、女も寝られなかったのである。

(9)

されど 接続詞 158'

そうではあるけれど
＊『マドンナ古文単語』170ページ一覧表参照。

「けれど」だけでもよい。

(10)

しげし 68

多い

(11)

え~ 打消 114

~できない

(16)

かなし 61

❶愛《いと》しい
❷悲しい

まだ何事もないまま女が帰ってしまったのだから、ここは❷の意味。愛しさよりも、ショックのほうが大きいと判断する。

(17)

つとめて 78

❶早朝
❷翌朝
＊〝前日の記述〟のある場合のみ❷の訳。

前夜の記述があるので、❷の意味。

(19)

こころもとなし 101

❶はっきりしない
❷不安だ・気がかりだ
❸待ち遠しい

直後に「待ちをれば」とあるので、❸の意味。「じれったい」の意訳も可。

(25)(20)

うつつ 187

現実

(22)

いたし 141

たいへん・はなはだしい

泣き方の描写だから、「ひどい・激しい」の意訳も可。

(23)

かきくらす 21

悲しみにくれる

(24)

まどふ 183

慌《あわ》てる・心乱れる・困惑する

文法

◀1 **させ**……使役・尊敬の助動詞「さす」の連用形。この場合は使役。「〜させる」。

◀2 **む**……助動詞「む」。この場合は意志。　第四・五章

◀3 **じ**……打消推量・打消意志の助動詞「じ」。この場合は打消意志。　P78〜79

◀4 **ら**……完了の助動詞「り」の未然形。

◀5 **れ**……受身・尊敬・可能・自発の助動詞「る」の未然形。この場合は可能。　P174〜175　第十一章

◀6 **ざり**……打消の助動詞「ず」のザリ活用の連用形。

◀7 **ぬ**……打消の助動詞「ず」の連体形。　P110〜112

◀8 **なり**……動詞「なる」の連用形。そのまま「なる」と訳す。　第九章

◀9 **ど**……逆接の接続助詞。「〜けれど」。　P25〜27

◀10 **べき**…助動詞「べし」の連体形。この場合は可能(許容)。斎宮は神聖な方。男から連絡することは許されない。　第四章

◀11 **し**……強意の副助詞。あえて訳す必要はない。

◀12 **ね**……打消の助動詞「ず」の已然形。　P110〜112

◀13・15 **や**……疑問・反語の係助詞。この場合は疑問。　第三章

◀14 **し**……過去の助動詞「き」の連体形。

◀16 **けむ**……過去推量の助動詞。「〜しただろう」。　P75

◀17 **る**……完了の助動詞「り」の連体形。　P174〜175

◀18 **き**……過去の助動詞「き」の終止形。

◀19 **ぬ**……完了の助動詞「ぬ」の終止形。　P110〜112

16ページ

解答

(1)たいへん　(2)突然(に)・思いがけなく　(3)参上し・訪問し・行き　(4)目がさめ　(5)どこ　(6)行き　(7)ついで・機会　(8)申し上げ　(9)(ご)挨《あい》拶《さつ》　(10)たいへん　(11)感慨深く・感動して・感嘆して　(12)趣《おもむき》深い・風流だ　(13)褒美《ほうび》をいただき　(14)たいへん　(15)よい　(16)若いので　(17)まだ早い　(18)たいへん

重要単語

(1)
いたし 141
たいへん・はなはだしい

(2)
ゆくり(も)なし 175
突然だ・思いがけない

(6)(3)
ものす 109
❶いる・ある
❷する
＊代動詞。具体的な動作は文脈で考える。

(3)は、泉の大将が夜更けに突然に左大臣家を訪問したという文脈。「参上する・訪問する・行く」。
(6)は、直前の「いづくに(=どこに)」に続く訳として「行く」の意味。

(4)
おどろく 79
❶気がつく
❷目がさめる
❸驚く

❷か❸か迷うところ。「夜更け」である。また、5行目で「格子をあげさわぐ」ことから逆類推すると、すでに格子をすべておろしていたわけだから、左大臣は寝ていたと考えられる。よって、❷の訳。「酔う＋夜更け＋突然＋起こす」という無礼の限りを尽くした…という設定のほうが、文章全体においても、より効果的。

(5)
いづく 126’
どこ

(7)
たより 105
❶手段
❷ついで・機会
❸縁故《えんこ》

すでに酔った状態で訪れた泉の大将を見て、左大臣はよそで酒を飲んで来たと察したのであろう。急用でわざわざ来たのではなく、どこかに行った「ついで・機会」の訪問かと、不快感を口にしたのである。❷の意味。

(8)
きこゆ 167
❶聞こえる
❷評判になる ｝［一般動詞］
❸申し上げる　［謙譲語］

「　」の直後なので、「言う」の意味。ここは左大臣が泉の大将に小言《こごと》を言う場面だが、客体・泉の大将も1〜3行目の敬語の使い方から高位と判断される。よって「言う」の謙譲語である❸の用法。

⑼
せうそこ 75

❶連絡・手紙
❷挨拶《あいさつ》・訪問

お供の壬生忠岑が、ひざまずいて左大臣に8〜10行目のセリフを申し上げる場面。忠岑はその場にいるので❶はダメ。❷の「挨拶」が適訳。

⒅⒁⑽
いと 141

たいへん・はなはだしい

⑾
あはれなり 106

感慨深い
＊すべての感情の代用語。具体的な感情は文脈で考える。

泉の大将に代わって忠岑が和歌を詠《よ》んだ直後の、左大臣の反応。後文で左大臣が機嫌《きげん》を直したことから、忠岑の和歌に「感動した・感嘆した」の文脈訳がよい。

⑿
をかし 97

❶興味がある・興味深い
❷美しい・かわいい
❸趣《おもむき》深い・風流だ
❹おかしい・滑稽《こっけい》だ

前項⑾と同様に、忠岑の和歌に感嘆した場面だから、❸の意味。

⒀
かづく 82

❶褒美《ほうび》を与える
❷褒美をいただく

褒美を「与える」のか「いただく」のか。「大将も…、忠岑も…」の並列関係を利用する。忠岑はうまい和歌を詠んだので「褒美をいただく」立場。大将も「褒美をいただく」のである。❷の意味。また、褒美は高位の者が与えるもの。左大臣のほうが大将よりも身分が高いことからも判断できる。

⒂
よし［良し・善し］ 146

よい

⒃
名を形の語幹み 166

名が形ので
＊「を」が省略されても訳は同じ。
＊和歌特有の表現。

「わか」は形容詞「わかし」の語幹。「わかみ」全体で「若いので」と訳す。この場合は「名を」の「を」は省略されている。

⒄
まだし 174

❶まだ早い
❷未熟だ

直前に「むすび時には」とあるので、時間や時期の問題で、能力の問題ではない。よって、❶の意味。娘は若いので結婚には「まだ早い」ということ。

文法

▼1・4る……完了の助動詞「り」の連体形。
▼2か……疑問・反語の係助詞。この場合は疑問。
▼3む……助動詞「む」。この場合は推量。

P174〜175
第三章
第四・五章

▼5が……格助詞。この場合は連体修飾格で「〜の」と訳す。
▼6む……助動詞「む」。この場合は意志。
▼7し……過去の助動詞「き」の連体形。
▼8けり……和歌中の「けり」は詠嘆。「〜なあ・〜よ」。

第四・五章

4 大和《やまと》物《もの》語《がたり》

19ページ

解答

(1)たいへん　(2)つらい　(3)意地が悪く　(4)悪い(＊ひどい)　(5)いいかげんな・不十分な(＊おろそかな)

重要単語

(1) **いと** 141
たいへん・はなはだしい

(2) **こころうし**［心憂し］ 形 3'
つらい

(3) **さがなし** 195
意地が悪い

(4) **あし** 143
悪い

直訳は「悪い」。前項(3)「さがなし(＝意地が悪い)」に続けて訳すと、同じ言葉が重複するので「ひどい」の意訳も可。

(5) **おろかなり** 14
いいかげんだ・不十分だ

妻からおばの悪口を吹き込まれた男は、おばに対して「いいかげんな・不十分な」対応をすることが多くなった。「おろそかだ」の意訳もよい。

文法

◀1 **なむ**……強意の係助詞。あえて訳す必要はない。
◀2・3 **ごとくに**……比況の助動詞「ごとくなり」の連用形。「～のように」。

P49・第六章

5 堤《つつみ》中《ちゅう》納《な》言《ごん》物《もの》語《がたり》

解答

(1)目がさめ (2)だんだん (3)不思議(なこと)に・妙に (4)たいへん (5)感慨深い・悲しい (6)光 (7)たいへん (8)不思議だ・奇妙だ・変だ (9)どうして (10)どこ (11)先ほどの (12)たいへん (13)冷淡な(＊平気な) (14)感慨深い・かわいそうな (15)そう・そこ・それほど (16)たいへんひどい (17)まったく (18)そのような・そういう (19)死ぬ (20)やはり (21)もったいない (22)たいへん (23)早く (24)本当に (25)たいへん (26)まったく (27)驚きあきれる (28)どこ (29)気の晴れ

重要単語

(1)

おどろく 79

❶気がつく ❷目がさめる ❸驚く

直後で男が見ているものは月。❶の「気がついて」見るのは変だし、❸の「驚いて」見るのも変。月が山の端近いということは夜明け前。時刻から考えて、眠っていたと判断し、❷の訳がよい。

(2)

やうやう 86

❶だんだん ❷さまざま

時とともに山の端に月が近づくのだから、❶の意味。

(8)(3)

あやし 70

❶不思議だ・奇妙だ ❷身分が低い・みすぼらしい・田舎《いなか》臭い

(3)(8)ともに、童の帰りが遅いことをいぶかっているのだから、❶の意味。男は、女(先妻)がそんなに遠くまで行くとは思っていなかったのであろう。

(26)(22)(12)(4) (25)(17)(7)

いと 141

たいへん・はなはだしい

(17)(26)は、「まったく」の意訳が美しい。

(14)(5)

あはれなり 106

感慨深い
＊すべての感情の代用語。具体的な感情は文脈で考える。

(5)(14)ともに、オールマイティな訳は「感慨深い」。(5)は、直後の男の和歌の「恋ふる」をヒントに「恋しい」、あるいは、先妻が遠くへ出て行ったことが「悲しい」などの文脈訳もよい。(14)は、女(先妻)が心の中では泣いていたことを知って、男が胸を痛める場面。「かわいそうだ」の文脈訳もよい。

(6)

かげ 2

光
＊みずから光を発するものに限る。

(9)

など 135

どうして
＊疑問か反語かは文脈判断。

童の帰りが遅かった理由を問う部分。9行目に「問へば」があるので、疑問とわかる。

(28)(10)
いづく 126'
どこ

(11)
ありつる 128
先ほど(の)

訳は「先ほどの」。「先ほどの歌」とは、女〈先妻〉が童にあらかじめ伝えておいた〈参考〉の和歌のこと。

(13)
つれなし 209
❶無関係だ
❷冷淡だ

女〈先妻〉は男の前では泣かなかったが、〈参考〉の和歌に「涙」とあるから、心の中では泣いていた。男はそのことを知って、自分の前では泣かない「冷淡な」顔を作っていたのだと推察する。❷の意味。「平気な」の意訳も可。

(15)
さ 155
そう・それ・そのように

(16)
ゆゆし 107
❶畏《おそ》れ多い
❷不吉だ・縁起《えんぎ》が悪い
❸たいへんすばらしい
❹たいへんひどい

女が行った所はどのような場所か。前後の文脈で、男が何度も「迎え返そう」と言っているから、女〈先妻〉を置いておくにはよくない場所。❹の意味。20行目の「小さくあばれたる家」によってもわかる。

(18)
さり 158
そうである・そうだ
*さる(連体形)=そのような

---

(19)
いたづらなり 76
❶むだだ
❷むなしい
*慣用句　いたづらになる=死ぬ

慣用句「いたづらになる」。「死ぬ」と訳す。

(20)
なほ 44
❶やはり
❷もっと

12行目で一度「迎え返そう」と言い、この部分でもう一度「迎え返そう」とくり返している。考えが変わっていないのだから、❶の意味。❷の訳は日本語として意味をなさない。

(21)
あたらし 49
もったいない

(23)
とし 60
早い
*連用形「とく=早く」の用例が多い。

(24)
げに 6
本当に

(27)
あさまし 38
驚きあきれる

(29)
こころゆく 194
満足する・気がすむ

「こころゆく」に、強調の係助詞「も」が入った形。「も」はあえて訳す必要はない(『マドンナ古文』48ページ参照)。「気の晴れ」ることがない涙。

文法

▼1・3・21**かな**……詠嘆の終助詞。「〜なぁ・〜よ」。	
▼2・17・24**し**……過去の助動詞「き」の連体形。	
▼4・16**ぬ**……完了の助動詞「ぬ」の終止形。	
▼5・8**ざり**……打消の助動詞「ず」のザリ活用の連用形。	P110〜112
▼6・10**てむ**……確述用法。「て」は「きっと」と訳す。助動詞「む」は、この場合は意志。	P86〜89 第四・五章
▼7**らむ**……現在推量の助動詞。「〜いるだろう」。	P75
▼9**なむ**……確述用法。「な」は「きっと」と訳す。助動詞「む」は、この場合は推量。	第六章 第四・五章
▼11**こそ思へ**……「こそ」は強意の係助詞で、あえて訳す必要はない。係結びにより、「思へ」は已然形。命令形と混同しないように。	P49 P108〜109

▼12**なむ**……強意の係助詞。あえて訳す必要はない。	P49・第六章
▼13**せ**……使役・尊敬の助動詞「す」の連用形。この場合は尊敬。	
▼14**あたら**……形容詞「あたらし」の語幹。形容詞の語幹のみを使うと感動表現。	
▼15・26**ぬ**……打消の助動詞「ず」の連体形。	P110〜112
▼18**すれ**……使役・尊敬の助動詞「す」の已然形。この場合は使役。「〜させる」。	
▼19**れ**……受身・尊敬・可能・自発の助動詞「る」の連用形。この場合は自発。	P174〜175 第十一章
▼20**けり**……和歌中の「けり」は詠嘆。「〜なぁ・〜よ」。	
▼22**さへ**……添加の副助詞。「(…だけでなく)〜までも」。	P220〜221
▼23**か**……疑問・反語の係助詞。この場合は疑問。	第三章
▼25**問はば**……「問は」は「問ふ」の未然形。「未然形＋ば」は仮定で、「もし〜なら」。	P30〜31

6 枕《まくらの》草《そう》子《し》

24ページ

解答

(1)たいへん (2)かわいい (3)大切に育て (4)ああ (5)よくない (6)座ってい (7)どこ (8)慌《あわ》て・心乱れ・困惑し(＊うろたえ) (9)たいへん (10)驚き・びっくり (11)たいへん (12)不安だ・気がかりだ・心配だ (13)ああ (14)たいへん (15)歩い (16)歩か (17)こんな・このような・こういう (18)気の毒がる・同情する (19)物たりない・心寂しい (20)たいへんひどく・たいへん激しく (21)こう・このように・こんなに (22)つらい(＊心苦しい) (23)気の毒がり・同情し (24)たいへんひどく・たいへん無惨《むざん》に (25)驚きあきれる (26)つらそうな (27)歩く (28)ああ (29)こんな・このような・こういう (30)急・急ぎ (31)たいへんひどい (32)別の・違う (33)そのような・そういう (34)つらがり(＊心苦しがり)

重要単語

(11)(1)
いと 141
たいへん・はなはだしい

(2)
をかし 97
❶興味がある・興味深い
❷美しい・かわいい
❸趣《おもむき》深い・風流だ
❹おかしい・滑稽《こっけい》だ

猫の描写だから、❷の「かわいい」。

(3)
かしづく 81
❶大切に世話する
❷大切に育てる

直後に尊敬語「たまふ」があるので、主語は天皇。天皇が猫を「大切に育てる」のだから、❷の訳がよい。

(13)(28)(4)
あな あはれ 168
ああ

(5)
まさなし 225
よくない

(6)
ゐる 184
座る・座っている

(7)
いづら 126
どこ

(8)
まどふ 183
慌《あわ》てる・心乱れる・困惑する

ここは、「うろたえる」の意訳も可。

(9)(14)(20)(24)
いみじ いみじげなり 形 形動 108
❶たいへん
❷たいへん～
＊❷は「～」の部分を文脈補足する。

(9)(14)は「たいへん」の訳だけでよい。
(20)は犬の鳴き声だから、「たいへんひどく・たいへん激しく」。
(24)は「いみじ」の形容動詞化したもの。品詞が違っても意味は同じ。打たれて腫《は》れた犬の描写だから、「たいへんひどい・たいへん無惨《むざん》だ」。

⑽
おどろく 79
❶気がつく
❷目がさめる
❸驚く

かわいがっている猫が犬（翁まろ）に追いかけられて怯《おび》えて部屋に駆け込んで来る。それをご覧になった天皇の動作だから、この場合は❸の意味。まれな例である。

⑿
うしろめたし 151
不安だ・気がかりだ

(27)(16)(15)
ありく 35
歩く

(15)(16)(27)ともに、主語は犬（翁まろ）。

(29)(17)
かかり 159
こうである・こうだ
＊かかる（連体形）＝このような

(23)(18)
あはれがる 動 106'
感慨深く思う
＊すべての感情の代用語。具体的な感情は文脈で考える。

オールマイティな訳は「感慨深く思う」。(18)(23)ともに、打ちたたかれた犬（翁まろ）に対する感情なので、「気の毒がる・同情する」の文脈訳がよい。

(19)
さうざうし 16
物たりない・心寂しい

(21)
かく 156
こう・これ・このように

(34) (22)
こころうし〔心憂し〕形 こころうがる〔心憂がる〕動 3'
つらい
つらがる

(22)は形容詞、(34)はそれが動詞化したもの。(22)は「つらい」。「心苦しい」の意訳も可。(34)は、「つらがる」。ここは、中宮が「翁まろは死んだ」と右近《うこん》から聞かされた場面。「心苦しがる」の意訳も可。

(25)
あさましげなり 形動 38'
驚きあきれる

形容詞「あさまし」が形容動詞化したもの。品詞が違っても訳は同じ。

(26)
わびしげなり 形動 47'
つらそうだ・困っている様子だ

形容詞「わびし」が形容動詞化したもの。品詞が違っても訳はほぼ同じ。体を打たれて腫れあがった「つらそうな」犬。

(30)
とみ 名 27
急

(31)
ゆゆしげなり 形動 107'
❶畏《おそ》れ多い
❷不吉だ・縁起《えんぎ》が悪い
❸たいへんすばらしい
❹たいへんひどい

形容詞「ゆゆし」が形容動詞化したもの。品詞が違っても訳は同じ。体の腫れあがった犬（翁まろかどうかは不明）を見ての言葉だから、❹の意味。

(32)

あらぬ

129

別の・違う

文法

▼1・8・28・51**せ**……使役・尊敬の助動詞「す」の連用形。この場合は尊敬。

▼2**まさな**……形容詞「まさなし」の語幹。形容詞の語幹のみを使うと感動表現。

▼3・29**や**……詠嘆の間投助詞。「〜なあ・〜よ」。

▼4**たまへ**……尊敬語（四段活用）の「たまふ」の命令形。　P201〜206

▼5**で**……打消の接続助詞。「〜ないで」。

▼6・24・33・36**か**……疑問・反語の係助詞。この場合は疑問。　第三章

▼7・23・31・44**ぬ**……完了の助動詞「ぬ」の終止形。　P110〜112

▼9・37**させ**……使役・尊敬の助動詞「さす」の連用形。この場合は尊敬。

▼10・12**られ**……受身・尊敬・可能・自発の助動詞「らる」の已然形。この場合は尊敬。　第十一章

▼11**てむ**……確述用法。「て」は「きっと」と訳す（現代語訳「いっそ」は意訳）。　P86〜89

助動詞「む」は、この場合は意志。　第四・五章

▼13**して**……格助詞。この場合は使役の対象を表し、「〜を使って」。

▼14・41**ものを**……逆接の接続助詞。「〜のに」。　P27

▼15**させ**……使役・尊敬の助動詞「さす」の連用形。この場合は使役。「〜させる」。

▼16・17・18**せ**……使役・尊敬の助動詞「す」の連用形。この場合は使役。「〜させる」。

▼19**し**……過去の助動詞「き」の連体形。

(33)

さり

158

そうである・そうだ

＊さる（連体形）＝そのような

▼20・25**む**……助動詞「む」。この場合は推量。　第四・五章

▼21**けむ**……過去推量の助動詞。「〜しただろう」。　P75

▼22・50**や**
▼34**や（は）**
……疑問・反語の係助詞。この場合は反語。　第三章

▼26・47**して**……格助詞。この場合は共同を表し、「〜一緒に」。

▼27**べし**……助動詞「べし」の終止形。この場合は推量。　第四章

▼30**ななり**……「なるなり」の「る」が慣用的に脱落した形。

「なる」は断定の助動詞「なり」の連体形で、「〜である」。　第九章

「なり」は伝聞推定の助動詞「なり」の終止形で、「〜らしい・〜とかいうことだ・〜そうだ」。　第九章

▼32**の**……格助詞。この場合は同格で「〜で」と訳す。

▼35・39・42**ど**……逆接の接続助詞。「〜けれど」。　P25〜27

▼38・40**めれ**……婉曲の助動詞「めり」の已然形。「〜ようだ」。　P75

▼43**なめり**……「なるめり」の「る」が慣用的に脱落した形。

「なる」は断定の助動詞「なり」の連体形で、「〜である」。　第九章

「めり」は推定の助動詞で、「〜ようだ」。　P75

▼45**つれ**……完了の助動詞「つ」の已然形。

▼46**の**……格助詞。この場合は主格で「〜が」と訳す。

▼48**む**……助動詞「む」。文中の連体形。厳密には仮定婉曲で「もし〜ならそのような」と訳すが、「〜ような」だけでもかまわない。　P72〜74

▼49**なむ**……確述用法。「な」は「きっと」と訳す。　第六章

助動詞「む」は、この場合は可能。　第四・五章

▼50「や」の反語と組み合わせて訳す。　P90

7 枕《まくら》草《の》子《そうし》

29ページ

解答

(1)月末　(2)たいへん・はなはだしく(＊ひどく・激しく)　(3)たいへん
(4)本当に　(5)様子　(6)たいへん　(7)悩んで

重要単語

(1) **つごもり** 33　月末

(2) **いたし** 141　たいへん・はなはだしい

風の吹く様子を描写しているので、「ひどい・激しい」の意訳もよい。

(3) **いみじ** 108　❶たいへん　❷たいへん～
＊❷は「～」の部分を文脈補足する。

(4) **げに** 6　本当に

(5) **けしき** 1　様子

(6) **いと** 141　たいへん・はなはだしい

(7) **わづらふ** 189　❶悩む　❷病気になる

「思ひ」を根拠に、❶の訳。心の描写で、肉体の病ではない。

文法

◀1 **が**……格助詞。この場合は連体修飾格で「～の」と訳す。

◀2 **べから**……助動詞「べし」のカリ活用の未然形。この場合は、適当。「～(するのが)よい」。　第四章

◀3 **む**……助動詞「む」。この場合は推量。　第四・五章

◀4 **ぬ**……完了の助動詞「ぬ」の終止形。　P110～112

8 徒《つれ》然《づれ》草《ぐさ》

30ページ

解答

(1)難しい・できない (2)まったく (3)本当 (4)俗世 (5)修行《しゅぎょう》する (6)難しい・できない (7)自然と (8)機会 (9)そうだから・だから (10)出家《しゅっけ》し (11)どうしようもない (12)それ (13)出家し (14)ひどい (15)そうは言ってもやはり (16)出家する (17)準備・用意 (18)どれほど (19)そう (20)出家する (21)理想的だ (22)難しく・できず (23)そのまま (24)それぞれ (25)将来 (26)準備し (27)長年・数年 (28)(29)避けられない・避けることができない (30)ますます (31)計画

重要単語

(1)(6)(22)

かたし 115

難しい・できない

(2)

さらに〜 打消 116

まったく〜ない

＊全面否定の訳には
・絶対〜ない
・決して〜ない
・少しも〜ない
などがある。

(3)

げに 6

本当に

(4)

よ 102

❶世間・俗世
❷男女の仲
❸政治

仏道の話だから❶の「俗世」。「この世」とは「現世」のこと。

(5)

ぎやうず［行ず］ 動 90'

❶修《しゅ》行《ぎょう》する
❷勤《ごん》行《ぎょう》する

仏道に専念するという文脈だから❶。

(7)

おのづから 179

❶自然と
❷偶然・たまたま
❸万一・ひょっとして

出《しゅっ》家《け》や隠遁《いんとん》をしても、食や住の最低限の生活はなくてはいられないから、❶「自然と」俗世をむさぼる（欲望）に似たこともあり得る。

(8)

たより 105

❶手段
❷ついで・機会
❸縁《えん》故《こ》

出家や隠遁をしても、なにかの❷「機会」に触れると俗世の欲望に似たこともあり得る。

(9)

されば 接続詞 158'

そうだから

＊『マドンナ古文単語』170ページ一覧表参照。

「さればとて」で「そうだからといって」。

(10) (13) (16) (20)

世を｛そむく／すつ／いとふ／のがる｝ 117

出《しゅっ》家《け》する

＊「受《じゅ》戒《かい》」「剃《てい》髪《はつ》」「得《とく》度《ど》」の意訳もある。

(10)(13)は「世を」が省略されているが、出家や隠遁の文脈だから「俗世」に対する拒否感。

⑾ **～かひなし** 122
（～しても）どうしようもない

⒆⑿ **さ** 155
そう・それ・そのように

⒁ **むげ（なり）** 50
ひどい
＊「むげの＝ひどい」「むげに＝ひどく」の用例が多い。

⒂ **さすがに** 45
そうは言ってもやはり

⒄ **まうけ** 121
準備

⒅ **いくばく** 138
どれほど

㉑ **あらまほし** 140
理想的だ

㉓ **さながら** 163
❶そのまま
❷全部
❸まるで
〔副詞〕
❹結局・要するに
❺しかし
〔接続詞〕

---

❶か❷か迷うが、28～35行目の文脈から、俗事を〝すぐに〟捨てるべきだとわかるので❶。

㉔ **しか** 155
そう・それ・そのように

「しかじかのこと」で「それぞれのこと」。具体的に言うのを避けて指示語ですませる表現。

㉕ **ゆくすゑ** 148
将来・これから

㉖ **まうく** 動 121'
準備する

㉗ **としごろ** 19
長年・数年

㉘ **え～** 打消 114
～できない

㉙ **さらぬ** 130
❶立ち去らない
❷避けられない
❸別の・違う

前項㉘とセットで訳を考える。俗世のあれこれをすませて出家しようなどと考えていると、「避けられない・避けることができない」ことがつぎつぎ重なる。❷の訳。

(30)

いとど

142

ますます

文法

- ◀1 **あらば**・◀18 **触れば**・◀21 **ならば**……「未然形＋ば」は仮定で、「もし～なら」。 P30～31
- ◀2 **しも**……強意の副助詞「し」と強調の係助詞「も」。どちらもあえて訳す必要なはい。 P48～51
- ◀3・43 **じ**……打消推量・打消意志の助動詞「じ」。この場合は打消推量。 P78～79
- ◀4・26 **とも**……仮定の逆接。「(たとえ)～ても」。 P31
- ◀5・10・24・25・31・32・34・37・38・45 **ん**……助動詞「む(ん)」。文中の連体形。厳密には仮定婉曲で「もし～ならそのような」と訳すが、「ような」だけでもかまわない。 P72～74
- ◀6 **べき**……助動詞「べし」の連体形。この場合は、反語文の中なので二度訳すことになり、疑問訳で推量、反語訳で当然。「～だろうか、いや～はずがない」。 第四章
- ◀7 **か(は)**・◀11・19・28 **か**……疑問・反語の係助詞。この場合は反語。 第三章
- ◀8・16・44・46 **ぬ**……打消の助動詞「ず」の連体形。 P110～112

---

(31)

あらまし

139

❶計画
❷概略

俗事をきちんと片づけてから出家しようという「計画」で、そのまま一生が終わってしまうということ。❶の意味。

- ◀9・42 **ん**……助動詞「む(ん)」。この場合は意志。 第四・五章
- ◀12・20・29 **ん**……助動詞「む(ん)」。この場合は反語文の中なので二度訳すことになり、疑問訳で推量、反語訳で当然。「～だろうか、いや～はずがない」。 第四・五章
- ◀13・17 **なれば**……「已然形＋ば」で「❶～(する)と・❷～ので」。この場合は、13・17とも❷の用法。「なれ」は断定の助動詞「なり」の已然形。 第九章
- ◀14 **で**……打消の接続助詞。「～ないで」。
- ◀15 **れ**……受身・尊敬・可能・自発の「る」の未然形。この場合は可能。 P174～175 第十一章
- ◀22 **か(は)**・◀36・40 **や**……疑問・反語の係助詞。この場合は疑問。 第三章
- ◀23 **し**……過去の助動詞「き」の連体形。
- ◀27・47 **べから**・◀39 **べき**……終止形は「べし」。この場合は当然。「～なければならない・～はずだ」。 第四章
- ◀30 **ぬべし**……確述用法。「ぬ」は「きっと」と訳す。助動詞「べし」は、この場合は推量。 P86～89 第四章
- ◀33 **ざら**……打消の助動詞「ず」のザリ活用の未然形。
- ◀35 **まじく**……終止形は「まじ」。この場合は打消推量。 P78～79
- ◀41 **ん**……助動詞「む(ん)」。この場合は推量。 第四・五章
- ◀48 **める**……婉曲の助動詞「めり」の連体形。「～ようだ」。 P75

34ページ

解答

(1)遠慮する (2)所在《しょざい》なく (3)はっきりしない (4)人目を避け (5)大げさに・仰々《ぎょうぎょう》しく(＊けたたましく) (6)どこ (7)そのまま (8)どうして・どのように (9)たいへん (10)みすぼらしい・粗末な (11)窮屈そうな (12)たいへん・はなはだしく(＊ひどく) (13)ぞっとする・殺風景だ (14)奥ゆかしく (15)たいへん (16)親しみを感じる (17)寝る・眠る (18)聞こえる (19)申し上げ (20)過去・これまで(のこと) (21)将来・これから(のこと) (22)誠実な・まじめな (23)できない (24)一面に (25)優雅で (26)趣《おもむき》深かっ・風流であっ

重要単語

(1)

はばかる 182

遠慮する・気にする

㊟と照合して考える。物忌《ものいみ》のときは、宮仕えを「遠慮する」のである。「気にする」は、この場面には合わない。

(2)

つれづれ(なり) 91

❶長く続く
❷所在《しょざい》ない・手持ち無沙汰《ぶさた》だ・退屈だ

本文「つれづれと」は、形容動詞「つれづれたり」の連用形。意味は「つれづれなり」に同じ。女が物忌のために宮仕えをせずに家に籠《こも》っている状態だから、❷の「所在ない」が適訳。「手持ち無沙汰だ・退屈だ」は、物忌の場面には不謹慎。

(3)

おぼつかなし 100

❶はっきりしない
❷不安だ・気がかりだ
❸待ち遠しい

夕方の月（夕月夜）はまだ光が強くない。辺りもほの暗く、最も視界の悪い時間だから、❶の意味。人目につかぬよう、この時間を選んだのである。なお、忍び通いは男（或人）が思い立ったことなので、女が期待して待つ状態ではない。よって、❸は不適。

(4)

しのぶ 88

❶我慢する
❷人目を避ける

冒頭の「人目なき」や、直前の「夕月夜のおぼつかなきほど」を根拠に、❷の意味。通い婚は、人目につかないようにするのが、女への礼儀だった。

(5)

ことごとし 63

大げさだ・仰々《ぎょうぎょう》しい

犬の泣き声の描写なので「けたたましい」の意訳も可。

(6)

いづく 126’

どこ

(7)

やがて 74

❶そのまま
❷すぐに

人目を忍んでの来訪なのに犬が吠《ほ》えているので、急いで中に入りたいという場面。❶の訳でも❷の訳でも、急いでいる感じは出る。さらに細かい文脈判断が必要。直前で下女《げじょ》（下衆《げす》女）が「どこから(のご訪問)か」と問うている。本来ならば、その答えを下女が女房に一度伝え、指示を受けてから、戻ってきて男を中へ入れるが、男は急ぐので「そのまま」案内させるのだ。❶の意味。

(8)
いかで　164
❶[疑問]どうして～か
❷[反語]どうして～か、いや～ない
❸[強調]なんとかして

中に入ったところ、女の住まいは心細そうな様子。日々を「どのように」過ごしているのだろうと、男（或人）が胸を痛めて同情するのだから、❶の意味。

(15)(9)
いと　141
たいへん・はなはだしい

(10)
あやし　70
❶不思議だ・奇妙だ
❷身分が低い・みすぼらしい・田舎《いなか》臭い

冒頭の「荒れたる宿」、6行目の「心ぼそげなる有様」から判断して、❷の意味。身分は明確ではないので「みすぼらしい」が適訳。「粗末な」の意訳もよい。

(11)
ところせげなり 形動　103'
❶窮屈そうだ
❷大げさな感じだ
❸威厳がありそうだ

形容詞「ところせし」の形容動詞化したもの。ここは「遣戸《やりど》」の説明。女の住まいは粗末な様子だから、❶の意味。

(12)
いたし　141
たいへん・はなはだしい

「ひどく」の意訳もよい。

(13)
すさまじ　53
ぞっとする

オールマイティな訳は「ぞっとする」。ここは、家の外観のみすぼらしさに比べ、中はそれほどでもないという文脈。「殺風景だということはない」と意訳してもよい。

(14)
こころにくし　57
奥ゆかしい

(16)
なつかし　64
親しみを感じる

(17)
いはぬ[寝は寝] 動　227'
寝る・眠る

文脈から考えて、「言わぬ」はダメ。今夜は男（或人）がいてくれるので、安心して「寝る」ことができるということ。「寝《い》は寝《ぬ》」のほかに、「寝《い》も寝《ぬ》」「寝《い》を寝《ぬ》」の表現もある。

(19)(18)
きこゆ　167
❶聞こえる
❷評判になる　}[一般動詞]
❸申し上げる　[謙譲語]

(18)は、ささやく忍び声がほのかに「聞こえる」。家の中の会話なので謙譲語は不要。❶の意味。
(19)は、このごろのこと（近況など）を細かに「言う」の文脈だから、❸の意味。

(20)
こしかた　147
過去・これまで

(21)

ゆくすゑ　148

将来・これから

(22)

まめやかなり　95’

❶誠実だ・まじめだ
❷実用的だ

直後の「物語」は、この場合は「おしゃべり・話」のこと。17行目に「細やかに」とあることから、❶の意味。

(23)

かたし　115

難しい・できない

女が忘れることが「できない」ような甘い言葉を男が言ったということ。「難しい」の訳は、この場面には不適。

(24)

〜わたる　112’

❶〜し続ける
❷一面に〜する

直前の「梢も庭も…青み」は、草木が青々と繁っている様子。空間の描写だから、❷の意味。

(25)

えん(なり)　210

❶優雅だ・優美だ
❷色っぽい

直前の景色描写を表現しているので、❶の意味。

(26)

をかし　97

❶興味がある・興味深い
❷美しい・かわいい
❸趣《おもむき》深い・風流だ
❹おかしい・滑稽《こっけい》だ

(25)とともに、直前の景色描写を表現しているので、❸の意味。

文法

◀1・7の……格助詞「の」。この場合は同格で「〜で」と訳す。

◀2ん……助動詞「む(ん)」。この場合は意志。
第四・五章

◀3させ……使役・尊敬の助動詞「さす」の連用形。この場合は使役。「〜させる」。

◀4・15ぬ……完了の助動詞「ぬ」の終止形。
P110〜112

◀5らん……現在推量の助動詞「らむ(ん)」。「〜いるだろう」。
P75

◀6・20る……完了の助動詞「り」の連体形。
P174〜175

◀8・14・17ど……逆接の接続助詞。「けれど」。
P25〜27

◀9しも……強意の副助詞「し」と強調の係助詞「も」。どちらもあえて訳す必要はない。
P48〜51

◀10ぬ……打消の助動詞「ず」の連体形。
P110〜112

◀11てよ……完了の助動詞「つ」の命令形。

◀12もぞ……「も」「ぞ」ともに係助詞。「も」「ぞ」が単独で使われた場合は、あえて訳す必要はない。が、「もぞ」とセットになると、「〜したら大変だ・〜したら困る」と訳す。
P48〜49
P50

◀13べかめる……「べかるめる」の「る」が脱落した形。「べかる」は助動詞「べし」のカリ活用の連体形で、この場合は可能。「める」は婉曲の助動詞「めり」の連体形で、「〜ようだ」と訳す。
第四章
P75

◀16や……疑問・反語の係助詞。この場合は疑問。
第三章

◀18べき……助動詞「べし」の連体形。この場合は当然。
第四章

◀19ね……打消の助動詞「ず」の已然形。
P110〜112

◀21し……過去の助動詞「き」の連体形。

徒然草《つれづれぐさ》

38ページ

解答

(1)またとない・比類《ひるい》ない (2)そう・そのように (3)一般に・総じて (4)はっきりと(*きっぱりと) (5)できなく・難しく (6)できず (7)自然と (8)本当に (9)説明し (10)道理 (11)まったく (12)奥ゆかしく (13)このように

重要単語

(1) **さうなし** 77
❶またとない・比類《ひるい》ない
❷ためらわない・無造作《むぞうさ》だ

上人《しょうにん》(高僧)の出家《しゅっけ》前の姓と身分(職業)の説明部分。後文を読んでも、上人が人を無造作に扱うような武士だったとは書いてないので、❷はダメ。常識的に判断して、❶の訳。

(2) **さ** 155
そう・それ・そのように

(3) **なべて** 177
一般に・総じて

(4) **けやけし** 226
目立つ・際《きわ》立つ・はっきりしている

「はっきりと」拒否できない、という文脈。直訳ではこの訳が最も美しい。「目立つ・際立つ」は、この場合は合わない。「きっぱりと」の意訳はよい。

(5) **かたし** 115
難しい・できない

(6) **え〜** 打消 114
〜できない

(7) **おのづから** 179
❶自然と
❷偶然・たまたま
❸万一・ひょっとして

意図的に相手を騙《だま》そうと思うのではないけれど、結果として思いどおりにならないことが多い、という文脈。故意ではなく「自然と」そうなってしまうのである。❶の訳。❸はまったくダメ。❷は迷うが、思いどおりにならないのは「貧乏だから」と明示してあるので、偶然の結果ではない。

(8) **げに** 6
本当に

(9) **ことわる** 5
説明する

(10) **ことわり** 4
道理

(11)
いと 141 たいへん・はなはだしい

「まったく」の意訳が美しい。

(12)
心にくし 57 奥ゆかしい

文法

▼1**か**……疑問・反語の係助詞。この場合は疑問。　第三章

▼2**や**……詠嘆の間投助詞。「〜なあ・〜よ」。訳しにくい場合はあえて訳さなくてもよい。

▼3**るれ**……受身・尊敬・可能・自発の助動詞「る」の已然形。この場合は可能。　第十一章

▼4・18・20・22**し**……過去の助動詞「き」の連体形。

▼5**らめ**……現在推量の助動詞「らむ」の已然形。「〜いるだろう」。　P75

▼6**ども**……逆接の接続助詞。「〜けれども」。　P25〜27

▼7**ん**……助動詞「む（ん）」。この場合は意志。　第四・五章

▼8**ね**……打消の助動詞「ず」の已然形。　P110〜112

▼9・13**ど**……逆接の接続助詞。「〜けれど」。　P25〜27

(13)
かく 156 こう・これ・このように

▼10・11**ぬ**……打消の助動詞「ず」の連体形。　P110〜112

▼12**べし**……助動詞「べし」の終止形。この場合は推量。　第四章

▼14**ぬ**……完了の助動詞「ぬ」の終止形。　P110〜112

▼15**るる**……受身・尊敬・可能・自発の助動詞「る」の連体形。この場合は受身。　第十一章

▼16**ぞかし**……「ぞかし」で「〜(だ)よ」と訳す。「かし」は念押しの終助詞。「ぞ」は強意の係助詞だが、このように文末で使われた場合のみ、終助詞に分類する説もある。　P50

▼17**れ**……受身・尊敬・可能・自発の助動詞「る」の連用形。この場合は尊敬。　P174〜175　第十一章

▼19**や**……疑問・反語の係助詞。この場合は疑問。　第三章

▼21**らるる**……受身・尊敬・可能・自発の助動詞「らる」の連体形。この場合は尊敬。　第十一章

11 徒《つれ》然《づれ》草《ぐさ》

40ページ

解答

(1)よい (2)そばの人 (3)あり・い (4)たいへん (5)そう (6)このような
(7)出家《しゅっけ》し (8)一般に・総じて (9)束縛・しがらみ(＊家族・血縁)
(10)ひどく (11)間違い (12)愛《いと》しい (13)そうだから・だから (14)間違い
(15)政治 (16)政治 (17)罪 (18)気の毒な (19)間違い

重要単語

(1) **よし**〔良し・善し〕 146
よい

(2) **かたへ** 32
そば・そばの人

(3) **ものす** 109
❶いる・ある
❷する
＊代動詞。具体的な動作は文脈で考える。

情のないお心で「ある・いる」の文意だから、❶の意味。

(4) **いと** 141
たいへん・はなはだしい

(5) **さ** 155
そう・それ・そのように

(6) **かかり** 159
こうである・こうだ
＊かかる(連体形)＝このような

(7) **よをすつ** 117
出家《しゅっけ》する
＊「受戒《じゅかい》」「剃髪《ていはつ》」「得度《とくど》」の意訳もある。

(8) **なべて** 177
一般に・総じて

(9) **ほだし** 216
束縛・しがらみ

直訳は見出しのとおり。俗世における「束縛・しがらみ」とは、具体的には「家族・血縁」のこと。この意訳も可。

(10) **むげ(なり)** 50
ひどい
＊「むげの＝ひどい」「むげに＝ひどく」の用例が多い。

(11)(14)(19) **ひがごと** 10
間違い

(12) **かなし** 61
❶愛《いと》しい
❷悲しい

どのような家族のために盗みをするのか。5～9行目で肉親の情愛を語っていたことを考え合わせると、❶の意味。

(13)

されば

接続詞 158’

❶さて・ところで
❷そうだから
＊『マドンナ古文単語』170ページ一覧表参照。

前後の文脈をうまくつなぐ。前文「愛する家族のために盗みをする」は、後文「盗人を罰するよりも政治を改善してほしい」の理由。❷の意味。

(16)(15)

よ

102

❶世間・俗世
❷男女の仲
❸政治

世の中の人が飢えや寒さで苦しまないようにするのは「政治」の力。よって、(15)(16)ともに❸の意味。

文法

◀1・8・9の……格助詞。この場合は同格で「〜で」と訳す。 第三章

◀2や……疑問・反語の係助詞。この場合は疑問。 第十一章

◀3るれ……受身・尊敬・可能・自発の助動詞「る」の已然形。この場合は自発。 P86〜89

◀4ぬべき……確述用法。「ぬ」は「きっと」と訳す。助動詞「べき」はこの場合は当然。「〜はずだ」。 第四章

◀5で……打消の接続助詞。「〜では」で「なくては」。 第六章

◀6なん……確述用法。「な」は「きっと」と訳す。助動詞「む(ん)」は、この場合は反語文の中なので二度訳すことになり、疑問訳で推量、反語訳で当然。「〜だろうか、いや〜あるはずがない」(次項参照)。 第四・五章

◀7や……疑問・反語の係助詞。この場合は反語。 第三章

◀10・12 18・20 22 ん……助動詞「む(ん)」。文中の連体形。厳密には仮定婉曲で「もし〜ならそのような」と訳すが、「〜ような」だけでもかまわない。また、訳出して美しくない場合は、あえて訳さなくてもよい。 P72〜74

(17)

とが

215

罪・責任

14・18行目「盗み」、16行目「盗人」「罪」、21行目「法を犯さ」「罪」などにより、ここは「罪」と訳すのがよい。

(18)

ふびんなり

72

❶不都合《ふつごう》だ
❷気の毒だ

人を苦しめ、法を犯させるような政治が悪いという文脈。犯罪者に同情の余地があるのだから、❷の意味。

◀11つべき……確述用法。「つ」は「きっと」と訳す。助動詞「べき」はこの場合は推量。 P86〜89

◀13ぬ……打消の助動詞「ず」の連体形。 第四章

◀14まほしき……願望の助動詞「まほし」の連体形。「〜したい」(自己願望)と「〜してほしい」(他者願望)の意味がある。この場合は「〜してほしい」。 P110〜112

◀15あらば……「あら」は「あり」の未然形。「未然形＋ば」は仮定で、「もし〜なら」。 P114〜116

◀16・21べから……助動詞「べし」のカリ活用の未然形。この場合は当然。「〜はずだ」。 P30〜31

◀17しめ……使役・尊敬の助動詞「しむ」。この場合は使役。「〜させる」。 第四章

◀19べき……助動詞「べし」の連体形。この場合は適当。「〜(するのが)よい」。 第四章

◀23べき……助動詞「べし」の連体形。この場合は当然。「〜なければならない」。 第四章

12

徒《つれ》然《づれ》草《ぐさ》

43ページ

解答

(1)またとない・比《ひ》類《るい》ない　(2)たいへんりっぱな・たいへんすばらしい
(3)そのような・そういう　(4)たいへん　(5)ふさわしく・似つかわしく
(6)わずらわしく・面《めん》倒《どう》臭く・不愉快に　(7)もっと　(8)よい　(9)どうして
(10)興味深く　(11)たいへん　(12)興味深い　(13)一般に・だいたい　(14)機会・きっかけ　(15)興味深い　(16)よい　(17)たいへん　(18)よい　(19)機会・きっかけ　(20)わずらわしい・面倒臭い・不愉快だ

重要単語

(1)
さうなし 77
❶またとない・比《ひ》類《るい》ない
❷ためらわない・無《む》造《ぞう》作《さ》だ

2〜3行目の「別当入道の包丁さばきを見たい」を根拠に、別当入道が料理の名人であったと判断する。❶の意味。

(4)(2)
いみじ 108
❶たいへん
❷たいへん〜
*❷は「〜」の部分を文脈補足する。

(2)は、「たいへん」の後ろに言葉不足を文脈補足。よい素材をよい腕で料理してほしいのだから、「たいへん立派な・たいへんすばらしい」鯉。
(4)は、「たいへん」の訳だけでよい。

(3)
さり 158
そうである・そうだ
*さる(連体形)＝そのような

(5)
つきづきし 131
ふさわしい・似つかわしい

(6)
うるさし 119
わずらわしい
面《めん》倒《どう》だ
不愉快だ

(7)
なほ 44
❶やはり
❷もっと

人々が別当入道の言動に感動したのに対し、北山入道は否定的。「百日の鯉を切る」などと言うよりも、「切る人がいないなら切ろう」と言うほうが「もっと」よいという文脈。❷の意味。

(18)(16)(8)
よし〔良し・善し〕 146
よい

(9)
なんでふ 136
❶なんという
❷どうして
*疑問か反語かは文脈判断。

北山入道は、別当入道の「百日の鯉を切る」という、もってまわった言い方に否定的。「どうして」そんな言い方をするのか、ということ。❷の意味で、反語の用法。

(15)(12)(10)
をかし 97
❶興味がある・興味深い
❷美しい・かわいい
❸趣《おもむき》深い・風流だ
❹おかしい・滑《こっ》稽《けい》だ

(10)は「人」の、(12)は作者の、北山入道に対する意見。同じ語の連発なので「人」と作者は同意見と思われるが、プラス意見（❶〜❸）かマイナス意見（❹）か、この段階では不明。14〜15行目で作者が北山入道と同じ考え方をしていることがわかるのでプラス意見だが、ものの考え方の問題で感性の問題ではないので、❷❸の訳は不適。(10)(12)とも、❶の訳をする。(15)は、「興ある」やり方の一例をあげている部分。❶の訳。

(17)(11)

いと　141

たいへん・はなはだしい

(13)

おほかた　178

❶ だいたい・一般に
❷ そもそも
*❷は話の切り出しに使う。

9〜11行目の北山入道の考え方と、14〜15行目の作者の考え方は同じなので、新たな話題を切り出すのではない。よって、❷はダメ。また、「おほかた」に続く一文が一般論（結論）であることからも、❶の意味だと判断する。

(19)(14)

ついで　83

❶ 順序
❷ 機会

まず、14〜22行目の第2段落全体の主旨をおさえると、何かにかこつけるよりも、ストレートなやり方の方がよい、という文脈。(14)は客人への食事の出し方、(19)は贈り物の出し方のケースであるが、いずれも問題は出す「順序」ではなく、何かの「機会」にかこつけるかどうかの例。(14)(19)ともに、❷の意味。

第1段落の4〜6行目で別当入道が百日の鯉修行を「機会」に切ると言ったことも根拠になる。「きっかけ」の意訳もよい。

(20)

むつかし　119

わずらわしい
面倒《めんどう》だ
不愉快だ

文法

◀1 **ばや**……願望の終助詞。「〜したい」。　P116〜118

◀2・16 **ども**……逆接の接続助詞。「〜けれども」。　P25〜27

◀3・11 **ん**……助動詞「(む)ん」。文中の連体形。厳密には仮定婉曲で「もし〜ならそのような」と訳すが、「〜ような」だけでもかまわない。　P72〜74

◀4 **べき**……助動詞「べし」の連体形。この場合は可能（許容）。　第四章

◀5・10／18・20 **ん**……助動詞「む(ん)」。この場合は意志。　第四・五章

◀6・7 **れ**……受身・尊敬・可能・自発の助動詞「る」の連用形。この場合は尊敬。　P174〜175　第十一章

◀8 **ぬべき**……確述用法。「ぬ」は「きっと」と訳す（この場合は「きちんと・うまく」の意訳が適訳）。助動詞「べき」はこの場合は可能。　P86〜89　第四章

◀9 **なくば**……「なく」は形容詞「なし(無し)」の未然形。「未然形＋ば」は仮定で、「もし〜なら」。　P30〜31

◀12 **なん**……確述用法。「な」は「きっと」と訳す。助動詞「む(ん)」は、この場合は推量。　第六章　第四・五章

◀13 **ん**……助動詞「む(ん)」。この場合は推量。　第四・五章

◀14・15 **し**……過去の助動詞「き」の連体形。

◀17 **せ**……使役・尊敬の助動詞「す」の連用形。この場合は使役。「〜させる」。

◀19 **れ**……受身・尊敬・可能・自発の助動詞「る」の未然形。この場合は受身。　P174〜175　第十一章

玉《たま》勝《かつ》間《ま》

46ページ

解答

(1)違う　(2)ないでほしい・てはいけない　(3)遠慮し　(4)たいへん
(5)だいたい・一般に　(6)まったく・絶対に・決して　(7)明らかにし
(8)たくさん・多く　(9)もっと　(10)よい（＊正しい）　(11)悪い（＊間違い）
(12)どうしようもない（＊言うにたりない・価値のない）　(13)よくない（＊正しくない）　(14)たいへん　(15)畏《おそ》れ多く　(16)心乱れ・困惑し（＊戸惑っ）
(17)よい（＊正しい）　(18)よくない（＊正しくない）

※(2)・(3)は解答欄の順が逆。

重要単語

(1)
たがふ　111
違う
＊「行き違う」「食い違う」「間違う」など、意訳は文脈で考える。

(2)
な～そ　165
～しないでほしい
～してはいけない

(3)
はばかる　182
遠慮する・気にする

(14)(4)
いと　141
たいへん・はなはだしい

(5)
おほかた　178
❶だいたい・一般に
❷そもそも
＊❷は話の切り出しに使う。

前の文脈は「師の説と違っても遠慮するな」。後ろの文脈も「ひとりふたりの力ではなく多くの人の手を経て学説は詳《くわ》しくなるのだから、師の説を必ず守るべきではない」。前後同内容なので、新しい話題の切り出しの❷の訳はダメ。❶が適訳。

(6)
さらに～ 打消　116
まったく～ない
＊全面否定の訳には
・絶対～ない
・決して～ない
・少しも～ない
などがある。

(7)
あきらむ　26
明らかにする

(8)
あまた　20
たくさん

(9)
なほ　44
❶やはり
❷もっと

先々の考え（先人の研究）の上をいくような研究をするのだから、「もっと」よく考え究《きわ》める、という意味。❷の訳。

(17)(10)
よし［良し・善し］　146
よい

直訳は「よい」。学説の是非を論じている文章なので、「正しい」の意訳もよい。

⑾

あし

143　悪い

直訳は「悪い」。前項と同様の文脈判断により、「間違い」の意訳も可。

⑿

～かひなし

122　（～しても）どうしようもない

本文は「いふかひなし」で「（言っても）どうしようもない」が直訳。学説の是非を問わずにただひたすら古い説を守るのは、学問の進歩にとっては無益だという文脈。「言うにたりない・価値のない」などの意訳もよい。

⒅⒀

わろし

144　よくない

直訳は「よくない」。学説の是非を論じている文章なので、「正しくない」の意訳も可。

⒂

かしこし

54　畏《おそ》れ多い

師の説の正しくない点を言うのは「畏れ多い」。「賢い」の訳もあるが、直後に逆接の「ど」があり、後文は「それを言わなければならない」とある。逆接を利用して意味をひっくり返すと「言いにくい」、つまり「畏れ多い」。

⒃

まどふ

183　慌《あわ》てる・心乱れる・困惑する

世の学者が間違った学説にふりまわされるという内容。「心乱れる・困惑する」の直訳や、「戸惑う」の意訳がよい。「慌てる」はこの場面には合わない。

文法

◀1・4 **られ**……受身・尊敬・可能・自発の助動詞「らる」の連用形。この場合は受身。　第十一章

◀2・5 **し**……過去の助動詞「き」の連体形。

◀3・12 **ん**……助動詞「む（ん）」。文中の連体形。厳密には仮定婉曲で「もし～ならそのような」と訳すが、「～ような」だけでもかまわない。　P72～74

◀6 **給へ**……尊敬語（四段活用）の「給ふ」の已然形。　P201～206

◀7 **る**……完了の助動詞「り」の連体形。　P174～175

◀8 **べく**……助動詞「べし」の連用形。この場合は可能。　第四章

◀9 **べき**……助動詞「べし」の連体形。この場合は当然。　第四章

◀10 **ど**……逆接の接続助詞。「～けれど」。　P25～27

◀11 **ざれ**……打消の助動詞「ず」のザリ活用の已然形。

◀13 **ざる**……打消の助動詞「ず」のザリ活用の連体形。

14 玉《たま》勝《かつ》間《ま》

48ページ

解答

(1)一点の曇りもない　(2)一点の曇りもない　(3)不平を言い・愚痴《ぐち》を言い・嘆き　(4)特に　(5)そのような・そういう　(6)一点の曇りもない　(7)切実だ・一途だ　(8)そう・そのように　(9)できない（＊あり得ない）　(10)どこ

重要単語

(6)(2)(1) **くまなし** 30
一点の曇りもない

(3) **かこつ** 217
不平を言う・愚痴《ぐち》を言う・嘆く

(4) **ことに** 7
特に

(5) **さり** 158
そうである・そうだ
＊さる（連体形）＝そのような

(7) **せちなり** 207
切実だ・一途だ

(8) **さ** 155
そう・それ・そのように

(9) **え〜** 打消 114
〜できない
「えあらぬ」全体で「あり得ない」と訳してもよい。

(10) **いづこ** 126
どこ

文法

◀1・7 **か（は）**……疑問・反語の係助詞。この場合は反語。　第三章

◀2 **る**……完了の助動詞「り」の連体形。　P174〜175

◀3 **や**……疑問・反語の係助詞。この場合は疑問。　第三章

◀4 **まほしく**……願望の助動詞「まほし」の連用形。この場合は自己願望「〜したい」。　P114〜116

◀5 **む**……助動詞「む」。文中の連体形。厳密には仮定婉曲で「もし〜ならそのような」と訳すが、「〜ような」だけでもかまわない。　P72〜74

◀6 **ぬ**……打消の助動詞「ず」の連体形。　P110〜112

◀8 **む**……助動詞「む」。この場合は推量。　第四・五章

15 発《ほっ》心《しん》集《しゅう》

52ページ

解答

(1)幼い (2)特に (3)愛《いと》しく思っ・かわいがっ (4)そうは言ってもやはり (5)できなく (6)安心 (7)やはり (8)ということ (9)熱心に・丁寧に (10)こうし (11)歩く(＊行脚《あんぎゃ》する) (12)何ということもなく・あっけなく・あっという間に (13)ついで・機会 (14)機会 (15)昔の (16)昔の (17)気がかりに (18)こう (19)たいへん (20)みすぼらしい・粗末な・いやしい (21)たいへん (22)残念に (23)よこし (24)さあ

重要単語

(1) **いとけなし** 118
幼い

(2) **ことに** 7
特に

(3) **かなしうす** [愛しうす] 動 61'
愛《いと》しく思う

形容詞「かなし」が動詞化したもの。「かわいがる」の訳もよい。

(4) **さすがに** 45
そうは言ってもやはり

(5) **かたし** 115
難しい・できない

(6) **うしろやすし** 152
安心だ

(7) **なほ** 44
❶やはり
❷もっと

西行は出家《しゅっけ》の際、あとのことを弟に言いつけた。娘をだれに預けるかも考えたが、「やはり」弟に預ける。❶の意味。

(8) **よし**[由] 228
❶理由
❷由緒《ゆいしょ》
❸方法
❹趣《おもむき》・風情《ふぜい》
❺趣旨《しゅし》・～ということ

直後の「言い置きける」に注目し、どんなことを言い置いたかの「趣旨」だと判断する。「～ということ(を)」の訳が最適。❺の意味。

(9) **ねむごろなり** 69
❶熱心だ・丁寧だ
❷親しくする
＊「ねんごろ」の表記もある。

かわいがっていた娘を弟の養女として預けるに際し、くれぐれも大切にしてくれるように弟に言い置く場面。❶の意味。

(18)(10) **かく** 156
こう・これ・このように

(10)は、「かくて」全体で「こうして」と訳す。(18)は、「こう(だ)」。具体的な内容としては、「父親だ」と名乗らないで娘を覗《のぞ》き見するということ。

(11)

ありく 35　歩く

仏道修行の動作だから、この場合は「行脚《あんぎゃ》する」の意訳も可。

(12)

はかなし 230　むなしい・頼りない
＊場面に応じた意訳を文脈判断。

直訳は「むなしく二、三年が過ぎた」となるが、修行という大切なことに専念していたのだから、価値のない年月という意味ではない。娘のことを気にする暇もなかったと解釈すべきである。「何ということもなく・あっけなく・あっという間に」などの文脈訳が最適。

(13)

たより 105　❶手段　❷ついで・機会　❸縁故《えんこ》

出家の身でわざわざ娘に会いに来ることは許されない。修行の「ついで・機会」に京へ来て弟の家の前を通り、娘を見るのである。❷の意味。

(14)

ついで 83　❶順序　❷機会

前項の(13)の「たより」と同じ文脈。京に来た「機会」に娘を見る。❷の意味。

(15)(16)

ありし 127　昔(の)・過去(の)

この場合の「昔」とは、具体的には「出家前」のことをいう。

(17)

おぼつかなし 100　❶はっきりしない　❷不安だ・気がかりだ　❸待ち遠しい

弟に預けたまま、二、三年見なかった娘の成長ぶりが気にかかるのである。よって、❷の意味。

(19)(21)

いと 141　たいへん・はなはだしい

(20)

あやしげなり 形動 70'　❶不思議だ・奇妙だ　❷身分が低い・みすぼらしい・田舎《いなか》臭い

形容詞「あやし」が形容動詞化したもの。直後の「帷《かたびら》」が裏地のない着物(注)であることから、❷の意味。「下衆《げす》の子供」と遊んでいることからも、あまり裕福でないことがわかる。「粗末な・いやしい」の訳もよい。

(22)

くちをし 55　残念だ

父親の名乗りができないことを「残念に」思うのである。

(23)

おこす 172　よこす

「見おこす」全体で、こちらに「目線をよこす」こと。

(24)

いざ 134　さあ
＊決意・鼓舞・勧誘(!)を示す。

文法

▼1 の……格助詞。この場合は同格で「〜で」と訳す。	
▼2 む……助動詞「む」。この場合は意志。	第四・五章
▼3 ども／▼13 ど……逆接の接続助詞。「〜けれど(も)」。	P25〜27
▼4 べき……助動詞「べし」の連体形。この場合は可能。	第四章
▼5 ざり……打消の助動詞「ず」のザリ活用の連用形。	
▼6 べき……助動詞「べし」の連体形。この場合は命令。文脈上、強制的な命令ではなく、頼み込むようなニュアンス。	第四章
▼7 ぬ……完了の助動詞「ぬ」の終止形。	P110〜112
▼8 が……格助詞。この場合は連体修飾格で「〜の」と訳す。	
▼9 ぬらむ……確述用法。「ぬ」は「きっと」と訳す。	P86〜89
「らむ」は現在推量の助動詞で、「〜いるだろう」。	P75
▼10 か……疑問・反語の係助詞。この場合は疑問。	第三章
▼11 らむ……現在推量の助動詞。「〜いるだろう」。	P75
▼12 ね……打消の助動詞「ず」の已然形。	P110〜112
▼14 の……格助詞。この場合は主格で「〜が」と訳す。	
▼15 なむ……強意の係助詞。あえて訳す必要はない。この場合は後ろが省略されており、文脈補足の必要がある(現代語訳参照)。	P49・第六章

54ページ

解答

(1)用心 (2)優雅に (3)難しい・できない (4)この (5)むしろ・かえって
(6)はらはらする・見苦しい(＊聞き苦しい)

重要単語

(1) **ようい** 201
❶用心
❷配慮・心遣《づか》い

全文の文脈をおさえると、世間の認める超一流の人(達人)でなければ、人をほめることもけなすこともすべきではない、という内容。ほめ方を「配慮・心遣い」するということではなく、ほめること自体を控えるべきだという意味なので、❶が適訳。

(2) **いうなり** 85
❶優雅だ
❷優《すぐ》れている
❸優しい

この場合は和歌のうまさをほめる言葉。❶か❷か迷うところだが、和歌は風流な感性や品性を必要とするものなので、❶の訳がよい。❷は、思考力や政治力などの知性面に使うので、この場合はダメ。

(3) **かたし** 115
難しい・できない

(4) **かく** 156
こう・これ・このように

(5) **なかなか(なり)** 94
❶中途半端だ
❷むしろ・かえって

うまい人がほめても相手を怒らせることがある。まして、へたな人がほめたりしたら相手はもっと怒る、という内容。ほめることが「むしろ・かえって」悪い結果を生むということ。❷が適訳。

(6) **かたはらいたし** 73
❶はらはらする・見苦しい
❷恥ずかしい・気づまりだ

うまい人がほめても相手が怒った。まして、へたな人がほめるともっと相手が怒る、という内容。ほめる側の心理ではないので❷はダメ。相手がひどく怒り出すような「はらはらする・見苦しい」結果を招く。❶の意味。あるいは、へたな人が自分の立場もわきまえずにほめるのは、相手としては「聞き苦しい」と感じる、と訳してもよい。

文法

◀1とも……仮定逆接の接続助詞。「(たとえ)〜ても」。	P31
◀2れ ◀10る }……受身・尊敬・可能・自発の助動詞「る」。◀2は連用形。◀10は終止形。ともに受身。	P174〜175 第十一章
◀3るる……受身・尊敬・可能・自発の助動詞「る」の連体形。この場合は受身。	第十一章
◀4ん……助動詞「む(ん)」。この場合は意志。	第四・五章
◀5ん……助動詞「む(ん)」。文中の連体形。厳密には仮定婉曲で「もし〜ならそのような」と訳すが、「〜ような」だけでもかまわない。	P72〜74
◀6・12べき ◀17べし }……助動詞「べし」。◀6・12は連体形。◀17は終止形。この場合はすべて当然。	第四章
◀7たまへ……尊敬語(四段活用)の「たまふ」の已然形。	P201〜206
◀8ば……強調の係助詞「は」。「を」のあとでは濁音化することが多い。「は」はあえて訳す必要はない。	P48
◀9ごとく……比況の助動詞「ごとし」の連用形。「〜ように・〜ようだ」。	

◀11・18べから……助動詞「べし」のカリ活用の未然形。◀11は意志。◀18は適当。	第四章
◀13や……疑問・反語の係助詞。この場合は疑問。	第三章
◀14る……完了の助動詞「り」の連体形。この場合は存続。	P174〜175
◀15だに〜況んや ◀19況んや〜をや }……「Aだに〜、まいてBは〜」「Aすら〜、いはんやBは〜」の構文。「Aでさえ〜、ましてBはもっと〜」と訳す。◀15は「だに〜、いはんや」の組み合わせ。◀19は構文の前半が省略された形。慣用的に「いはんや〜をや」となることが多く、「をや」は「〜はなおさらである」と訳す。	P214〜220
◀16らん……「ら」は完了の助動詞「り」の未然形。この場合は存続。「ん」は助動詞「む(ん)」。文中の連体形。厳密には仮定婉曲で「もし〜ならそのような」と訳すが、「〜ような」だけでもよい。	P72〜74

58ページ

解答

(1)いなくなり・消え　(2)たいへん悲しい　(3)急に（＊急いで・すぐに）　(4)たいへん・まったく　(5)たいへん　(6)不都合《ふつごう》な　(7)どうして　(8)あれ・ああ　(9)これ・こう　(10)それ　(11)たいへん　(12)たくさん・多く　(13)感慨深い・すばらしい・殊勝な

重要単語

(1)

うす　84
❶消える・いなくなる
❷死ぬ

2～3行目で、捜索の結果「皮の聖《ひじり》のところで出家《しゅっけ》している」とわかるので、死んではいない。❶の意味。

(2)

いみじ　108
❶たいへん
❷たいへん～
＊❷は「～」の部分を文脈補足する。

息子の出家を聞いた道長の気持ち。6行目で聖を再三呼んでいることや、7行目で泣きながら息子の様子を尋ねていることから、この時点では「たいへん悲しい」の補足訳がよい。

(3)

とみ(なり)　27
急

「急いで・すぐに」の意訳もよい。

(11)(5)(4)

いと　141
たいへん・はなはだしい

(4)は、「まったく」の意訳の方が、後ろへの続き具合が美しい。

(6)

ふびんなり　72
❶不都合《ふつごう》だ
❷気の毒だ

続きの「かしこまり」により、聖が道長に対して恐縮しているのがわかる。道長に無断で息子を出家させたことを詫《わ》びる気持ち。道長にとって「不都合な」ことをした、ということ。❶の訳。

(7)

など　135
どうして
＊疑問か反語かは文脈判断。

後文に「聖でなくても息子の決心は止められない」とあるので、道長は聖を悪く思ってはいない。よって、文脈上、反語。

(8)

と　157
ああ・あれ・あのように

(9)

かく　156
こう・これ・このように

前項(8)とペアで「と(も)かく(も)＝あれこれ・ああこう」と訳す。

(10)

さ　155
そう・それ・そのように

(12)

ここら

20'

たくさん

(13)

あはれなり

106

感慨深い

＊すべての感情の代用語。具体的な感情は文脈で考える。

オールマイティな訳は「感慨深い」。前の文脈の「それほど決心していては思い止まるはずがない」や、後ろの文脈の「私の心に勝っている」を根拠に、この時点では息子の出家を高く評価していると判断し、「すばらしい・殊勝だ」の文脈訳がよい。

文法

◀1・7 **給へ**……尊敬語（四段活用）の「給ふ」の已然形。　P201〜206

◀2・6・16 **せ**……使役・尊敬の助動詞「す」の連用形。この場合は尊敬。

◀3 **る**……完了の助動詞「り」の連体形。　P174〜175

◀4 **まじき**……助動詞「まじ」の連体形。この場合は打消当然。「〜（しては）ならない」。　P78〜79

◀5 **れ**……受身・尊敬・可能・自発の助動詞「る」の連用形。この場合は受身。　P174〜175　第十一章

◀8・9 **し**……過去の助動詞「き」の連体形。

◀10 **か**……疑問・反語の係助詞。この場合は反語。　第三章

◀11 **ん**……助動詞「む（ん）」。この場合は推量。　第四・五章

◀12 **とも**……仮定逆接の接続助詞。「（たとえ）〜ても」。　P31

◀13 **べき**……助動詞「べし」の連体形。この場合は当然。「〜はずだ」。　第四章

◀14 **や**……詠嘆の間投助詞。「〜なあ・〜よ」。

◀15 **かな**……詠嘆の終助詞。「〜なあ・〜よ」。

60ページ

解答

(1)まだ早い(＊まだ若い) (2)悪くはない(＊へたではない) (3)心して(＊ぜひとも・なんとかして) (4)様子 (5)感慨深く・感動的に (6)早く (7)未熟な (8)まったく (9)難しい・できない

重要単語

(7)(1) **まだし** 174
❶まだ早い ❷未熟だ

(1)は、ベテラン歌人たちの中に特別に加えられて歌合に出場するのだから、宮内卿《くないきょう》にはある程度の能力が備わっているはず。よって、❷の訳はダメ。注に「若齢の歌人」とあることからも、❶の訳。「まだ若い」の意訳も可。(7)は、宮内卿の詠《よ》んだようなうまい和歌を思いつくことのできない人。能力がないのだから、❷の訳。

(2) **けしう(は)あらず** 22
悪くはない

直訳は「悪くはない」。まだ若いけれども歌合に参加させるという文脈なので、「へたではない」の意訳もよい。

(3) **かまへて** 229
❶注意して・心して ❷［肯定］必ず ❸［否定］決して〜ない

❶か❷か迷うところだが、「よい歌を詠めよ」と院が宮内卿を励ましている場面であることを考慮する。気を抜かずにガンバレという心構えの問題なので、❶の「心して」が適訳。「ぜひとも」「なんとかして」の意訳もよい。❷の「必ず」の訳は圧力をかける感じで、院の温情が表現されないのでダメ。

(4) **けしき** 1
様子

(5) **あはれなり** 106
感慨深い
＊すべての感情の代用語。具体的な感情は文脈で考える。

オールマイティな訳は「感慨深い」。宮内卿が特別参加に胸躍《おど》らせて涙ぐむ様子は、「よほど和歌が好きなんだなあ」と見えた。その見た側の心理だから、「感動的だ」の文脈訳がよい。

(6) **とし** 60
早い
＊連用形「とく＝早く」の用例が多い。

(8) **いと** 141
たいへん・はなはだしい

直訳は「たいへん」。ここは、「まったく」の意訳のほうが、後ろへの続き具合が美しい。

(9) **かたし** 115
難しい・できない

文法

◀1 **べけれ**……助動詞「べし」の已然形。この場合は推量。	第四章
◀2 **ども**……逆接の接続助詞。「~けれども」。	P25~27
◀3 **めれば**……推定の助動詞「めり」の已然形。「~ようだ」。	P75
◀4 **なん**……強意の係助詞「なむ(ん)」。あえて訳す必要はない。	P49・第六章
◀5 **らるる**……受身・尊敬・可能・自発の助動詞「らる」の連体形。この場合は尊敬。	第十一章

◀6 **さぶらひ**……この場合は謙譲語。「お仕えする・お控えする」。	P195~200
◀7 **にて**……格助詞「にて」。この場合は原因・理由を表し、「~によって」。	P158~159
◀8 **ん**……助動詞「む(ん)」。文中の連体形。厳密には仮定婉曲で「もし~ならそのような」と訳すが、「ような」だけでもかまわない。	P72~74
◀9 **や**……詠嘆の間投助詞。「~なあ・~よ」。	

19 平家物語《へいけものがたり》

62ページ

解答

(1)ああ　(2)やはり　(3)できなく　(4)ためらわないで・無造作《むぞうさ》に　(5)様子（＊意向《いこう》）　(6)であるらしい　(7)悪い（＊まずい）

重要単語

(1)
あな　168
ああ

(2)
なほ　44
❶やはり
❷もっと

前文で、入道は大納言に怒りをぶつけている。「腹を据ゑかね」とあるので、まだ怒りがおさまらない様子である。「なほ」の直後に「もっと」怒るは文脈に合わないので、❶が適訳。どれほど怒っても、「やはり」腹立たしいのである。

(3)
～かぬ　114
～できない

(4)
さうなし　77
❶またとない・比類《ひるい》ない
❷ためらわない・無造作《むぞうさ》だ

瀬尾太郎常遠と難波次郎兼康のふたりが、入道に命じられた処罰を大納言に「し奉らず（＝し申し上げない）」のはなぜかを考える。直後のセリフで大納言と姻戚関係にある小松殿のことを気にしているので、処罰を「ためらわないで・無造作に」することができないのである。❷の訳。

(5)
けしき　1
様子
＊「機嫌《きげん》」「意向《いこう》」などの意訳もある。

直訳は「様子」。ここは、入道の長男であり大納言の妹婿《むこ》である小松殿が、大納言の処刑に賛成か反対かという内容なので、小松殿の「意向」と意訳してもよい。

(6)
～ごさんなれ。　169
～であるらしい
～だそうだ
～だということだ

常遠と兼康の発言から、ふたりの心理を入道が推察している。ふたりは目の前にいて入道に直接語ったので、「～だそうだ・～だということだ」の“伝聞”の意味合いが強い訳は不適。“推定”の意味合いの強い「～であるらしい」が適訳。

(7)
あし　143
悪い

直訳は「悪い」。直前で入道が常遠と兼康に怒りを表しており、直後でふたりが入道の命令に従っているので、これ以上入道を怒らせることは「まずい」とふたりが思ったのだと判断する。この意訳も可。

文法

◀1 **憎**……形容詞「憎し」の語幹。形容詞の語幹のみを使うと感動表現。

◀2 **や**……詠嘆の間投助詞。「〜なあ・〜よ」。

◀3・10 **ば**……強調の係助詞「は」。「を」のあとでは濁音化することが多い。「は」はあえて訳す必要はない。　P48

◀4 **べき**……助動詞「べし」の連体形。この場合は可能。　第四章

◀5 **られ**……受身・尊敬・可能・自発の助動詞「らる」の連用形。この場合は尊敬。　第十一章

◀6 **んず**……助動詞「む(ん)ず」。この場合は推量。　第四・五章

◀7 **らん**……現在推量の助動詞「らむ(ん)」。「〜いるだろう」。　P75

◀8・9 **が**……格助詞。この場合は連体修飾格で「〜の」と訳す。

◀11 **なん**……確述用法。「な」は「きっと」と訳す。　第六章
助動詞「む(ん)」は、この場合は推量。　第四・五章

◀12 **や**……疑問・反語の係助詞。この場合は疑問。　第三章

◀13 **けん**……過去推量の助動詞「けむ(ん)」。「〜しただろう」。　P75

20 蜻《かげ》蛉《ろう》日《にっ》記《き》

66ページ

解答

(1)たくさん・多く　(2)行か・旅立た　(3)いくら思っても思いが尽きない・いくら言っても言い尽くせない　(4)移動し・行っ　(5)ささいな・ちょっとした　(6)たいへん　(7)大騒ぎする・大声を出す　(8)座っ・座っ　(9)できない　(10)どうして　(11)我慢(し)・こらえ　(12)たいへん　(13)そうだから・だから　(14)終わる　(15)たいへん悲しい・たいへんつらい　(16)早く　(17)移動し・帰って来・帰り　(18)来て・通《かよ》って来て　(19)どうして　(20)こう・このように　(21)たいへんひどく・たいへん激しく

重要単語

(1)

あまた 20

たくさん

(18)(2)

ものす 109

❶いる・ある
❷する
＊代動詞。具体的な動作は文脈で考える。

(2)は、直前の「遠く」や、3・5行目の「出《い》で立つ」をヒントに、「行く・旅立つ」。
(18)は、夫のセリフ(伝言)。直前に「早く帰って来い」とあるので、夫が作者の家に通い婚して来ていると判断する。「来る・通って来る」。

(3)

おろかなり 14

いいかげんだ・不十分だ
＊慣用句
おもふもおろかなり＝いくら思っても思いが尽きない

「思ふ…おろかなり」は慣用句。「いくら思っても思いが尽きない」と訳す。「いくら言っても言い尽くせない」の訳でもよい。いくら心細いと言っても不十分なほど、最高に心細いのだ。

(17)(4)

わたる 112

移動する
＊具体的な移動の動作は文脈判断する。

オールマイティな訳は「移動する」。
(4)は、姉の旅立ちの日に見送るのだから、作者が姉の家に「行く」。
(17)は、夫のセリフ(伝言)で、姉の家にいる作者に「早く移動しなさい」とは、「帰って来い」ということ。「帰る」の意味。

(5)

はかなし 230

むなしい・頼りない
＊場面に応じた意訳を文脈判断。

硯箱《すずりばこ》一つ程度に入るようなもの。「ささいな・ちょっとした」の文脈訳がよい。直訳や「取るにたりない・つまらない」の意訳は不適。旅に出るのに価値のない物を荷物に加えることは考えられない。

(15)(6)
(21)(12)

いみじ 108

❶たいへん
❷たいへん〜
＊❷は「〜」の部分を文脈補足する。

(6)(12)は「たいへん」の訳だけでよい。
(15)は、姉が車に乗っていよいよ出発するのを見るのが、作者にとって「たいへん悲しい・たいへんつらい」。
(21)は泣き方の表現だから「たいへんひどい・たいへん激しい」。

(7)

ののしる 41

❶大騒ぎする
❷評判になる
＊❷は超難関大学がまれに出題。

直前に「騒がしう」があるので、❶の意味。「騒ぐ」が重複するので「大声を出す」の意訳もよい。旅立ちの日の姉の家の様子だから、旅立ちの準備に大わらわなのであろう。

(8) **ゐる** 184
座る・座っている

(9) **〜かぬ** 114
〜できない

(19)(10) **など** 135
どうして
＊疑問は反語かは文脈判断。

(10)(19)ともに、あまりに激しく泣く作者（(10)は姉も）に対して「なぜそこまで泣くのか」と、(10)は人々が、(19)は夫が、咎《とが》めている場面。

(11) **ねんず** 58
❶祈る
❷我慢する

直後のセリフに「涙は不吉だ」とあるので、泣くのを「我慢する」ように、ということ。❷の意味。

(13) **されば** 接続詞 158'
❶さて・ところで
❷そうだから
＊『マドンナ古文単語』170ページ一覧表参照。

(14) **〜はつ** 186
〜し終わる・すっかり〜する

(16) **とし** 60
早い
＊連用形「とく＝早く」の用例が多い。

(20) **かく** 156
こう・これ・このように

文法

▼1 **ぬべき**……確述用法。「ぬ」は「きっと」と訳す。助動詞「べき」はこの場合は当然。「〜しなければならない」。 P86〜89 第四章

▼2 **なむ**……確述用法。「ぬ」は「きっと」と訳す。助動詞「む」はこの場合は意志。 第六章 第四・五章

▼3 **ど**……逆接の接続助詞。「〜けれど」。 P25〜27

▼4 **させ**……使役・尊敬の助動詞「さす」の連用形。この場合は尊敬。

▼5 **たまへ**……尊敬（四段活用）の「たまふ」の命令形。 P201〜206

▼6・7 **む**……助動詞「む」。文中の連体形。厳密には仮定婉曲で「もし〜ならそのような」と訳すが、「ような」だけでもかまわない。また、訳出して美しくない場合は、訳さなくてもよい。 P72〜74

▼8 **む**……助動詞「む」。この場合は推量。 第四・五章

▼9 **ね**……完了の助動詞「ぬ」の命令形。 P110〜112

▼10 **させ**……使役・尊敬の助動詞「さす」の連用形。この場合は使役。「〜させる」。

▼11 **ぬ**……完了の助動詞「ぬ」の終止形。 P110〜112

▼12 **る**……受身・尊敬・可能・自発の助動詞「る」の終止形。この場合は自発。「思わず〜」。 P174〜175 第十一章

蜻《かげ》蛉《ろう》日《にっ》記《き》

69ページ

解答

(1)むなしい・つまらない・ささいな　(2)悪く（＊ひどく・口汚く）　(3)すぐに　(4)はなはだしく（＊ひどく・激しく・火のついたように）　(5)どうして　(6)返事　(7)もちろん・言うまでもなく　(8)そう　(9)いやで　(10)のを途中でやめ　(11)あれ　(12)これ　(13)音沙汰・連絡　(14)いつも　(15)ああ　(16)頼りない・当てにならない・いつ終わるかわからない・危うい・不安定な　(17)こう・このように　(18)物思いに耽《ふけ》る　(19)そのまま　(20)こう・このように　(21)驚きあきれ　(22)いつも　(23)まったく　(24)つらかっ

重要単語

(16)(1)　はかなし　230

むなしい・頼りない
＊場面に応じた意訳を文脈判断。

オールマイティな訳は「むなしい・頼りない」。文脈に応じた意訳を要求されることが多い単語。

(1)は、喧嘩の発端が「むなしい」もの、つまりは「つまらない・ささいな」言い争いだったということ。

(16)は、作者と夫の夫婦仲が「頼りない」もの、つまりは「当てにならない・いつ終わるかわからない・危うい・不安定な」関係だということ。

(2)　あし　143

悪い

直訳は、「悪い」。ここは「ひどく・口汚く」の意訳も可。

(3)　すなはち　176

すぐに

(4)　おどろおどろし　80

❶はなはだしい
❷恐ろしい

「二度と来ない」という父（兼家）の捨てゼリフを聞いた幼い息子（道綱）が泣く場面。その泣き方が激しいのである。❶の意味。ここは「ひどく・激しく・火のついたように」の意訳も可。

(5)　など　135

どうして
＊疑問か反語かは文脈判断。

息子に泣いている理由を問う場面なので、疑問の文脈。

(6)　いらへ　名　173'

答え・返事

(7)　ろんなし　196

言うまでもない・もちろん

(8)　さ　155

そう・それ・そのように

(9)　うたて　51

いやだ

(10)

～さす 197

～するのを途中でやめる

(11)

と 157

ああ・あれ・あのように

次項⑿とペアで「あれこれ」と訳す。

(20)(17)(12)

かく 156

こう・これ・このように

⑿「かう」は「かく」のウ音便化したもの。前項⑾とペアで「あれこれ」と訳す。

⒄⒇は「こう・このように」。

(13)

おと 名 221'

❶ 音
❷ 評判・噂
❸ 音沙汰・連絡

「二度と来ない」と言って夫が出て行ったきり、五六日が過ぎた。連絡がないのである。❸の意味。

(22)(14)

れい 181

いつも

(15)

あな 168

ああ

(18)

ながむ 93

❶（遠くを見ながら）物思いに耽《ふけ》る
❷（和歌や漢詩を）朗詠《ろうえい》する

直前の「心細うて」を根拠に、❶の意味。

---

(19)

さながら 163

❶ そのまま
❷ 全部
❸ まるで 【副詞】
❹ 結局・要するに
❺ しかし 【接続詞】

まずは品詞の区別（『マドンナ古文単語』175ページ参照）をする。「水は(S)、さながらありけり(V)」と、一文（S＋V）の間で使われているので、副詞の用法。❸の比喩の訳は合わない。夫が長く来ないことをより効果的に表現する訳としては、❶がよい。

(21)

あさまし 38

驚きあきれる

(23)

よに～ 打消 116

まったく～ない

＊全面否定の訳には
・絶対～ない
・決して～ない
・少しも～ない
などがある。

(24)

わびし 47

つらい・困る

夫との夫婦仲に危機を感じている場面。「つらい」が適訳。「困る」の訳はこの文脈には不適。

文法

◀1 **ぬ**……完了の助動詞「ぬ」の終止形。　P110~112

◀2 **じ**……打消推量・打消意志の助動詞。この場合は打消意志。　P78~79

◀3・7 **ど**……逆接の接続助詞。「~けれど」。　P25~27

◀4 **で**……打消の接続助詞。「~ないで」。

◀5 **む**……助動詞「む」。この場合は推量。　第四・五章

◀6 **るれ**……受身・尊敬・可能・自発の助動詞「る」の已然形。この場合は自発。　第十一章

◀8 **む**……助動詞「む」。文中の連体形。厳密には仮定婉曲で「もし~ならそのような」と訳すが、「~ような」だけでもかまわない。　P72~74

◀9 **ぬ**……打消の助動詞「ず」の連体形。　P110~112

◀10 **こそ~しか、**……「こそ」は強意の係助詞。「しか」は過去の助動詞「き」の已然形。「こそ~已然形、」は逆接用法で、「~けれど」を補って訳す。　P50

◀11 **なむ**……確述用法。「な」は「きっと」と訳す。　第六章
助動詞「む」はこの場合は推量。　第四・五章

◀12 **かし**……念押しの終助詞。「~(だ)よ」と訳す。

◀13・14・20 **し**……過去の助動詞「き」の連体形。

◀15 **か**……疑問・反語の係助詞。この場合は疑問。　第三章

◀16 **だに**……副助詞。この場合は最小限の願望を意味し、「せめて~だけでも」と訳す。　P219~220

◀17 **あらば**……「あら」は「あり」の未然形。「未然形+ば」は仮定で、「もし~なら」。　P30~31

◀18 **べき**……助動詞「べし」の連体形。この場合は可能。　第四章

◀19 **けり**……和歌中の「けり」は詠嘆。「~なあ・~よ」。

◀21 **しも**……強意の副助詞「し」と強調の係助詞「も」。どちらもあえて訳す必要はない。　P48~51

◀22 **ごと**……比況の助動詞「ごとし」で「~ようだ」と訳す。ここは、正しくは「ごとくにて」となるべきだが、慣用的に「く」を省いている。

◀23 **なむ**……強意の係助詞。あえて訳す必要はない。　P49・第六章

22 和泉式部日記《いずみしきぶにっき》

72ページ

解答

(1)感慨深く・しんみりと・寂しく　(2)物思いに耽《ふけ》っ　(3)不思議だ・奇妙だ・変だ　(4)急に（*すぐに）　(5)寝坊である・眠り込んでいる

重要単語

(1) **あはれなり** 106

感慨深い

*すべての感情の代用語。具体的な感情は文脈で考える。

オールマイティーな訳は「感慨深い」。直前の「心細く」という感情をヒントに、ほぼ同じような気持ちと判断し、「しんみりと（する）・寂しい」などの文脈訳をする。

(2) **ながむ** 93

❶（遠くを見ながら）物思いに耽《ふけ》る
❷（和歌や漢詩を）朗詠《ろうえい》する

和歌や漢詩はないので、❷の訳はダメ。前項(1)で説明したとおり、「心細く」「寂しい」心理状態なのだから、❶の訳。

(3) **あやし** 70

❶不思議だ・奇妙だ
❷身分が低い・みすぼらしい・田舎《いなか》臭い

直後の「だれだろう」をヒントに、真夜中の訪問者に心当たりがない、という文脈。❶の訳。「変だ」も可。

(4) **とみ（なり）** 27

急

(5) **いぎたなし** 227

寝坊である・眠り込む

文法

◀1・5 **せ**……使役・尊敬の助動詞「す」。◀1は連用形、◀5は未然形。この場合はともに使役。「〜させる」。
◀2・9 **や**……疑問・反語の係助詞。この場合は疑問。　第三章
◀3 **なら**……断定の助動詞「なり」の未然形。　第九章

◀4・10 **む**……助動詞「む」。この場合は推量。　第四・五章
◀6 **む**……助動詞「む」。この場合は意志。　第四・五章
◀7 **ど**……逆接の接続助詞。「〜けれど」。　P25〜27
◀8 **ぬ**……完了の助動詞「ぬ」の終止形。　P110〜112
◀11 **れ**……受身・尊敬・可能・自発の助動詞「る」の連用形。この場合は尊敬。　P174〜175　第十一章

和《い》泉《ずみ》式《しき》部《ぶ》日《にっ》記《き》

74ページ

解答

(1)こう・このように　(2)連絡　(3)寝る・眠る　(4)だんだん　(5)ああ　(6)手紙　(7)一点の曇りもなく　(8)物思いに耽《ふけ》っ　(9)感慨深く・しみじみと・感動的に・うれしく　(10)むしろ・かえって　(11)違う　(12)やはり　(13)残念で　(14)なんとかして　(15)このような・こういう　(16)ささいな・ちょっとした　(17)そっと・静かに　(18)手紙　(19)そうだとしても・そうは言っても・たとえそうであっても　(20)愚かだ・ばかだ　(21)さあ　(22)驚きあきれる　(23)嘘《うそ》　(24)たいへん　(25)どうでもいい・どうにでもなれ・ままよ　(26)まじめに（＊本気で）　(27)愚かな・ばかな　(28)申し上げ

重要単語

(1)
かく 156
こう・これ・このように

(2)
おと 名 221’
❶音
❷評判・噂
❸音沙汰・連絡

冒頭の場面説明（現代文）により、❸の意味。

(3)
いもぬ［寝も寝］動 227’
寝る・眠る

(4)
やうやう 86
❶だんだん
❷さまざま

夜更けの時間の経過だから、❶の意味。❷の訳は、日本語として意味をなさない。

(5)
あな 168
ああ

(6)(18)
ふみ 171
❶手紙
❷書物
❸学問
❹漢詩

(6)(18)とも、宮からの「手紙」。❶の意味。

(7)
くまなし 30
一点の曇りもない

(8)
ながむ 93
❶（遠くを見ながら）物思いに耽《ふけ》る
❷（和歌や漢詩を）朗詠《ろうえい》する

宮の和歌「…すめる秋の夜の月」のお手紙を見た直後の女（和泉式部）の動作。夜更けにひとりで和歌を声に出して詠《よ》み上げるとは思えないので、❷はダメ。月を見ながら「物思いに耽る」のだ。宮の久しぶりの和歌に感じ入っている場面。❶の意味。

(9)
あはれなり 106
感慨深い
＊すべての感情の代用語。
具体的な感情は文脈で考える。

二三日ぶりの宮からの連絡（和歌）。「感慨深い」のオールマイティな訳のほかに、「しみじみとする・感動的だ・うれしい」などの文脈訳もよい。

(10)

なかなか（なり） 94

❶ 中途半端だ
❷ むしろ・かえって

宮の和歌の「あなたも月を見ていますか」に対する女の返歌。「月は見ていない」と返すが、その理由が「なかなかなれば」。「中途半端だから」月は見ていないという訳は意味不明なので、❶はダメ。❷の訳がよい。言葉不足を文脈で補って、「月を見るとかえって物思いが増すので」。

(11)

たがふ 111

違う
＊「行き違う」「食い違う」「間違う」など、意訳は文脈で考える。

(12)

なほ 44

❶ やはり
❷ もっと

直後の「口をしくはあらず」の意味を先におさえる。次項⒀に詳《くわ》しく述べるが、直訳は「残念ではない」となり、全体としてよい意味とわかる。ありきたりの返事とは違うすばらしい和歌をほめていると判断し、「やはりすばらしい、と解釈する。❶の意味。

(13)

くちをし 55

残念だ

「口をしくはあらず」の直訳は「残念ではない」。直前に「ありきたりの返事とは違う気がして」とあるから、女の返歌に対するほめ言葉と思われる。

もしありきたりの返事を寄こしていたら「残念だ」と思うところだが、「和泉式部は私（宮）が残念だと落胆する女ではなかったよ」ということ。

(14)

いかで 164

❶ ［疑問］どうして〜か
❷ ［反語］どうして〜か、いや〜ない
❸ ［強調］なんとかして

「いかで…聞かむ」の直後に「思《おぼ》し立つ（＝決心なさる）」があることにより「なんとかして…聞こう」という意味。❸が適訳。

(15)

かかり 159

こうである・こうだ
＊かかる（連体形）＝このような

(16)

はかなし 230

むなしい・頼りない
＊場面に応じた意訳を文脈判断。

⒇の助けを借りると、この場合の「はかなし言《ごと》」とは「和歌」のこと。女の和歌がすばらしかったので、近くに置いて（一緒に暮らして）、このような和歌を詠《よ》ませて聞きたい、という文脈。公の場で詠むような和歌ではなく、個人的な関係での日常的な和歌だから「ささいな・ちょっとした」の文脈訳がよい。

(17)

やをら 200

そっと・静かに

(19)

さりとも 接続詞 158’

そうだとしても
＊『マドンナ古文単語』170ページ一覧表参照。

直訳は「そうだとしても」。ほかに「そうは言っても・たとえそうであっても」などの訳もよい。具体的には、「女に言い寄る男が多いとしても（私以外の男に心を移すことはない）」と信頼していたという文意。

(27)(20)

をこなり 37

ばかだ・愚かだ

訳は⒇(27)ともに「ばかだ・愚かだ」。

⒇は、宮が、女の愛を信頼していた自分を「ばかだった」と自嘲し、女に怒りをぶつける場面。

(27)は逆に、女が、宮の拒絶によって世間的に恥をかき、「ばかを見る」目に合いそうだとショックを受けている場面。

(21)
いさ 133
さあ
＊否定・疑念・ためらい（?）を示す。

訳は「さあ」。「いさ知らず（＝さあ、知らない）」とは、「あなたのことなど、さあ、もう知りません」ということ。宮が女を見放したセリフ。

(22)
あさまし 38
驚きあきれる

(23)
そらごと 9
嘘《うそ》

訳は「嘘」。具体的には、ほかの男たちとの浮いた噂《うわさ》のことで、女は根も葉もないでっち上げだと言いたいのである。

(24)
いと 141
たいへん・はなはだしい

(25)
さはれ 15
どうでもいい・どうにでもなれ・ままよ

(26)
まめやかなり 形動 95'
❶誠実だ・まじめだ
❷実用的だ

直後の「のたまはす（＝おっしゃる）」により、宮がお手紙の中でどういうおっしゃり方をしたかを判断する。宮はかんかんに怒って拒絶してきたので、❶の「まじめだ」がよい。［冗談ではなく「本気だ」の意訳もよい。「誠実だ」はこの文脈には合わない。

(28)
きこゆ 167
❶聞こえる
❷評判になる ［一般動詞］
❸申し上げる ［謙譲語］

女が宮に「御返りきこえむもの」という気がしない。客体高位だから、謙譲語と判断し、❸の意味。

また、お返事を「言う」気にもなれない、という文意から判断してもよい。

文法

▶1**させ**……使役・尊敬の助動詞「さす」の連用形。この場合は尊敬。

▶2**し**……過去の助動詞「き」の連体形。　第三章

▶3**か**……疑問・反語の係助詞。この場合は疑問。

▶4・17**られ**……受身・尊敬・可能・自発の助動詞「らる」の未然形。この場合は可能。　第十一章

▶5・15**ぬらむ**……確述用法。「ぬ」は「きっと」と訳す。助動詞「らむ」は現在推量で「～いるだろう」。　P86～89　P75

▶6・21**かし**……念押しの終助詞「～(だ)よ」。

▶7**おぼえな**……形容詞「おぼえなし(＝覚えがない・心当たりがない)」の語幹。形容詞の語幹のみを使うと感動表現。

▶8・19・26**ど**……逆接の接続助詞。「～けれど」。　P25～27

▶9**すれ**……使役・尊敬の助動詞「す」の已然形。この場合は使役。「～させる」。

▶10・13**や**……疑問・反語の係助詞。この場合は疑問。　第三章

▶11**られ**……受身・尊敬・可能・自発の助動詞「らる」の連用形。この場合は自発。　第十一章

▶12・18**ね**……打消の助動詞「ず」の已然形。　P110～112

▶14**らむ**……現在推量の助動詞。「～いるだろう」。　P75

▶16**ものから**……逆接の接続助詞。「～のに」。　P27

▶20**しも**……強意の副助詞「し」と強調の係助詞「も」。どちらもあえて訳す必要はない。　P48～51

▶22**せ**……使役・尊敬の助動詞「す」の連用形。この場合は使役。「～させる」。

▶23・33**む**……助動詞「む」。この場合は意志。　第四・五章

▶24**ぬ**……完了の助動詞「ぬ」の終止形。　P110～112

▶25**で**……打消の接続助詞。「～ないで」。

▶27**む**……助動詞「む」。文中の連体形。厳密には仮定婉曲で「もし～ならそのような」と訳すが、「～ような」だけでもかまわない。　P72～74

▶28**む**……助動詞「む」。この場合は可能。　第四・五章

▶29**さへ**……添加の副助詞。「(…だけでなく)～までも」。　P220～221

▶30**あべかめり**・▶31**べかめる**……▶30は「あるべかるめり」の、▶31は「べかるめり」の、それぞれ「る」が慣用的に脱落した形。「べかる」は助動詞「べし」のカリ活用の連体形で、この場合はいずれも推量。「めり」は推定の助動詞で「～ようだ」。「べかめり」全体で、「～ようだ。～そうだ」と訳す程度でよい。　第四章　P75

▶32**かな**……詠嘆の終助詞。「～なあ・～よ」。

紫《むらさき》式《しき》部《ぶ》日《にっ》記《き》

78ページ

解答

(1)いいかげんな・平凡な(＊ふつうの・人並みの) (2)風流好みに (3)すばらしい (4)趣《おもむき》深い・風流な (5)つらく (6)たいへん (7)そのように (8)気を晴らし (9)たいへん

重要単語

(1)

なのめなり 204

❶いいかげんだ・平凡だ
❷格別だ・すばらしい

もしも悩みごとが軽いなら、若やいだ気分で俗世を過ごせるのに、という文脈。❶の訳。悩みごとが「いいかげんだ・平凡だ」とは、「ふつうだ・人並みだ」ということ。これらの意訳も可。

(2)

すきずきし 59

❶風流好《ふうりゅうごの》みである
❷恋愛好きである

もし悩みごとが軽ければ、どんなふうに俗世を過ごせるのかを考える。前後には恋愛のことはまったく出てこないので、❷はダメ。俗世全般を若々しく過ごすことだから、❶の訳。

(3)

めでたし 43

すばらしい

(4)

おもしろし 98

❶興味がある・興味深い
❷趣《おもむき》深い・風流だ
❸おもしろい・滑稽《こっけい》だ

前項(3)「めでたし」と並列するので、よい意味。よって、❸はダメ。❶か❷か迷うところだが、前項(2)「すきずきし」をヒントに、どんなに「趣深い・風流な」ことを見聞きしてもつらくて嘆かわしい、という文脈だから、❷の訳。

(5)

うし 3

つらい

(9)(6)

いと 141

たいへん・はなはだしい

(7)

さ 155

そう・それ・そのように

(8)

こころやる 193

気を晴らす
＊「心を遣る」も同じ。

文法

◀1・6**の**……格助詞。この場合は主格で「〜が」と訳す。

◀2**なら**……断定の助動詞「なり」の未然形。　第九章

◀3**ましかば**……反実仮想「…ましかば〜まし」の構文。「もし…なら、〜だろうに」。　P221〜223

◀4**てまし**……確述用法。「て」は「きっと」と訳す。　P86〜89
助動詞「まし」は、前項◀3の反実仮想。　P221〜223

◀5**し**……過去の助動詞「き」の連体形。

◀7**や**……疑問・反語の係助詞。この場合は反語。　第三章

◀8**む**……助動詞「む」。この場合は可能。　第四・五章

◀9**ど**……逆接の接続助詞。「〜けれど」。　P25〜27

◀10**苦しかなり**……「苦しかるなり」の「る」が慣用的に脱落した形。「苦しかる」は形容詞「苦し」のカリ活用の連体形。
「なり」は伝聞推定の助動詞で、「〜とかいうことだ・〜そうだ・〜らしい」。この場合は推定の意味合いが濃いので「〜だろう」と訳してもよい。　第九章

◀11**らる**……受身・尊敬・可能・自発の助動詞「らる」の終止形。この場合は自発。　第十一章

25 讃《さぬ》岐《きの》典《す》侍《け》日《にっ》記《き》

80ページ

解答

(1)いつも (2)仰々《ぎょうぎょう》しく（＊激しく・ひどく） (3)だいたい（＊大半の） (4)聞こえ (5)準備する (6)残念だ (7)それ (8)まったく・決して (9)たいへん立派だ・たいへんすばらしい (10)悪い (11)そう (12)どうして（堪えられようか、）いや堪えられない (13)困っ・つらがっ (14)よい (15)ならともかく (16)準備 (17)差し支《つか》え・差し障《さわ》っ・支障があっ (18)ああかわいそうだ・ああ気の毒だ (19)様子（＊顔色・血相） (20)顕著だっ・はっきり現れてい (21)それ (22)いつも (23)だんだん (24)残念で (25)どうしようもない・しかたがない (26)早く (27)ああ (28)たいへん立派だ・たいへんすばらしい (29)いつも (30)できない (31)道理・もっともなこと (32)感嘆し・感動し

重要単語

(29)(22)(1)

れい 181

いつも

訳は「いつも」。ここは、(1)(22)(29)ともに、「毎月の法事」のことを意味している。

(2)

こちたし 89

❶大げさだ・仰々《ぎょうぎょう》しい
❷うるさい・わずらわしい

雪の降る様だから、❷はダメ。❶の「仰々しい」が直訳だが、「激しく・ひどく」の意訳が最適。「大げさだ」は、この場面には合わない。

(3)

おほかた 178

❶だいたい・一般に
❷そもそも
＊❷は話の切り出しに使う。

「人」の説明であって、話の切り出しではないから、❶の意味。「だいたいの人」とは「大半の人」。この意訳も可。

(4)

きこゆ 167

❶聞こえる
❷評判になる
［一般動詞］
❸申し上げる ［謙譲語］

作者の家の人たちの大半が、夜昼なしに、作者の再出仕の準備に追われている。その忙しさは「ものも聞こえないほど」とも「ものも言えないほど」とも解釈できるが、家庭内の場面なので謙譲語は不必要。よって❶の意味。

(16) (5)

いそぐ　いそぎ 動 名 121

準備する
準備

(5)は、動詞「いそぐ」で「準備する」。(16)は、名詞「いそぎ」で「準備」。

(24)(6)

くちをし 55

残念だ

(21)(11)(7)

さ 155

そう・それ・そのように

(7)(21)とも、「さばかり」全体で「それほど」と訳す。(11)は、「さて」全体で「そうして」。

(8)
よに～ 打消　116
まったく～ない
*全面否定の訳には
・絶対～ない
・決して～ない
・少しも～ない
などがある。

(28)(9)
いみじ　108
❶たいへん
❷たいへん～
*❷は「～」の部分を文脈補足する。

「たいへん」の後ろに、言葉不足を文脈補足する。(9)(28)とも、再出仕の準備の忙しい最中に、作者が無理して法事に出席することを、宮中の人たちがどう感じるかを表す。「たいへん立派だ・たいへんすばらしい」が適訳。

(10)
あし　143
悪い

(12)
いかで(か)　164
❶[疑問]どうして～か
❷[反語]どうして～か、いや～ない
❸[強調]なんとかして

道も見えないほどに降る雪。作者は車の中だが、お供の人は「堪えられない」という文脈。反語の用法だから、❷の訳。

(13)
わぶ　46
つらい・困る

(14)
よし[良し・善し]　146
よい

(15)
未然形+ばこそあらめ、　170
～ならともかく
*「こそあらめ、」の形で使われることもある。

(17)
さはる　206
差し支《つか》える・じゃまになる

「差し支《つか》える」が適訳。「じゃまになる」は場面に合わない。「差し障《さわ》る」「支障がある」などもよい。

(27)(18)
あはれ あな　168
ああ

(18)は、文脈上「かわいそうだ・気の毒だ」を補足するとわかりやすい。

(19)
けしき　1
様子

直訳は「様子」。ここは、法事出席に反対する家族の者たちに、作者が激しく反論するうちに、「顔色・血相」が変わるということ。この意訳もよい。

(20)
しるし[著し]　190
顕著だ・はっきり現れている

「しるき」は形容詞「しるし[著し]」の連体形。「しるし[験]」(名詞)と混同しないように注意。

(23)
やうやう　86
❶だんだん
❷さまざま

法事の始まる時間なのに、外出に手間取ってどんどん時間が経つ様子を描いている場面。❶の意味で、「だんだん日が高くなる」と訳す。

⑵⑸ **わりなし** 71
❶ 筋が通らない・無理だ
❷ どうしようもない・しかたがない

時間が過ぎて、法事に参列できないかもしれないと作者が焦《いら》立《だ》っている場面。❷の意味で、直前の⑵⑷「くちをし」と合わせて「残念でしかたがない」と訳す。

⑵⑹ **とし** 60
早い
＊連用形「とく＝早く」の用例が多い。

⑶⑽ **え～** 打消 114
～できない

⑶⑴ **ことわり** 4
道理

日常会話なので「もっともなこと」などの意訳もよい。

⑶⑵ **あはれがる** 動 106'
感慨深く思う
＊すべての感情の代用語。具体的な感情は文脈で考える。

作者が無理を押して法事に参列したことに対する、宮中の人々の反応。「感動する・感嘆する」の文脈訳が最適。

文法

◀1・17**ん**……助動詞「む(ん)」。この場合は意志。　第四・五章

◀2・34・38**ぬ**……打消の助動詞「ず」の連体形。　P110～112

◀3**めれ**
◀13**めり**
……婉曲の助動詞「めり」。「～ようだ」と訳す。　P75

◀4**ざら**……打消の助動詞「ず」のザリ活用の未然形。

◀5・9
21・25
27
ん……は仮定婉曲の助動詞「む(ん)」。文中の連体形。厳密に訳すが、「もし～ならそのような」「～ような」だけでもかまわない。　P72～74

◀6・29**せ**……使役・尊敬の助動詞「す」の連用形。この場合は使役。「～させる」。

◀7**てよ**……完了の助動詞「つ」の命令形。

◀8**かし**……念押しの終助詞。「～(だ)よ」と訳す。

◀10・12**じ**……打消推量・打消意志の助動詞「じ」。この場合は打消推量。　P78～79

◀11**とも**……仮定逆接の接続助詞。「(たとえ)～ても」。　P31

◀14**こそ～め、**……「こそ」は強意の係助詞。「め」は助動詞「む」の已然形で、この場合は適当。　第四・五章
「こそ～已然形、」は逆接用法で、「～けれど」を補って訳す。　P50

◀15**んずる**……助動詞「む(ん)ず」の連体形。この場合は可能。　第四・五章

◀16**ど**……逆接の接続助詞。「～けれど」。　P25～27

◀18**なら**……断定の助動詞「なり」の未然形。　第九章
⒂の重要単語は「未然形＋ばこそあらめ、」の形。

◀19・23**べき**……助動詞「べし」の連体形。この場合は、反語文の中なので二度訳すことになり、疑問訳で適当、反語訳で当然。「～(して)よいか、いや(しては)ならない」(次項参照)。　第四章

◀20・24**か(は)**……疑問・反語の係助詞「か」。この場合は反語。　第三章

◀22**だに**……副助詞。「Aだに～、まいてBは～」の構文。本文は「まいて」以下が省略された形。　P214～220

◀26**や**……疑問・反語の係助詞。この場合は疑問。　第三章

◀28**べき**……助動詞「べし」の連体形。この場合は適当。　第四章

◀30**で**……打消の接続助詞。「～ないで」。

◀31**なんずる**……「んずる」は助動詞「む(ん)ず」の連体形で、意味用法は「む(ん)」に同じ。よって、「なんず＝なむ」と置き換えられる。「なむ」の識別により確述用法。「な」は「きっと」と訳す。　第四・五章
なお、この場合の「んずる」は推量。　第六章

◀32・35**なめり**……「なるめり」の「る」が慣用的に脱落した形。
「なる」は断定の助動詞「なり」の連体形で、「～である」。　第九章
「めり」は推定の助動詞で、「～ようだ」。　P75
ただし、◀32は、直前の「んずる」(推量)との連続の直訳がしにくいので、「んずるなめり」全体で「～だろう・～(し)そうだ」程度の訳でよい。

◀33**ぬ**……完了の助動詞「ぬ」の終止形。　P110～112

◀36**ぞかし**……「ぞかし」で「～(だ)よ」と訳す。「かし」は念押しの終助詞。「ぞ」は強意の係助詞だが、このように文末で使われた場合のみ、終助詞に分類する説もある。　P50

◀37**つらん**……確述用法。「つ」は「きっと」と訳す。「らむ(ん)」は現在推量で、「～いるだろう」。　P86～89

◀39**かな**……詠嘆の終助詞。「～なあ・～よ」。　P75

26 源《げん》氏《じ》物《もの》語《がたり》

86ページ

解答

(1)たくさん (2)たいへん (3)(身分の)高い・尊い (4)寵愛《ちょうあい》を受け (5)たいへん (6)満足する (7)感慨深い・愛しい (8)できなく (9)気にし (10)世間 (11)例・たとえ(＊話の種) (12)むやみに(＊これ見よがしに) (13)たいへん・まったく (14)寵愛 (15)このような (16)政治 (17)悪く(＊ひどく) (18)だんだん (19)悩み (20)例・たとえ (21)たいへん (22)体裁《ていさい》が悪い・みっともない (23)比類・類 (24)由緒《ゆいしょ》 (25)世間 (26)評判 (27)はなはだしく (28)きちんとした・しっかりした (29)やはり (30)宿命 (31)早く (32)待ち遠しがり (33)大切に世話し(＊大切にお仕えし) (34)申し上げる (35)気品 (36)だいたい・一般 (37)身分の高い・尊い (38)大切に育て

※(8)・(9)は解答欄の順が逆。

重要単語

(1)
あまた 20
たくさん

(21)(13)(5)(2)
いと 141
たいへん・はなはだしい

(13)は「まったく」の意訳もよい。

(37)(3)
やむごとなし 11
身分が高い・尊い

(3)は、直後の「際（＝身分）」と訳が重複しないように、「高い・尊い」とだけ訳すほうが美しい。

(37)は、第一皇子に対する天皇の思い。「尊い思い」とは、皇太子となるべき人として公的に尊ぶ気持ちのこと。

(4)
ときめく 24
時流に乗って栄える・寵《ちょう》愛《あい》を受ける・重《ちょう》用《よう》される

女御《にょうご》・更衣《こうい》などの天皇の妻たちの中に「すぐれてときめく」のだから、天皇に最も愛された妻のこと。「寵愛を受ける」が適訳。

(6)
あく 31
満足する

(7)
あはれなり 106
感慨深い
＊すべての感情の代用語。具体的な感情は文脈で考える。

オールマイティな訳は「感慨深い」。この場面は、実家に帰りがちな最愛の妻を、天皇がますます思うのだから「愛《いと》しい」の文脈訳が最適。

(8)
え〜 打消 114
〜できない

(9)
はばかる 182
遠慮する・気にする

(25)(16)(10)
よ 102
❶世間・俗世
❷男女の仲
❸政治

(10)は、天皇の一点集中の寵愛ぶりを「人が誹《そし》るが気にしない」という文脈。ますます「世間」を騒がすのである。

(16)は、中国の同様の恋愛事で「世が乱れた」の文脈。中国の恋愛事とは

15行目の玄宗《げんそう》皇帝と楊貴妃《ようきひ》の件。(注)によると「国の乱れを招いた」のだから、「政治」が乱れた。
(25)は「世のおぼえ」全体で「世間の評判」の意味。

(20)(11)

ためし 180'

種類・例・たとえ

(11)(20)ともに、「種類」という訳は日本語として美しくない。「例」もしくは「たとえ」がよい。(11)の、世間の「例・たとえ」とは、天皇の恋愛事を特異な一例として世間が言うことで、この場合は「話の種」にするという意訳も可。

(12)

あいなし 39

❶不愉快だ・つまらない・いやだ
❷むやみに
＊❷は連用形「あいなく」の場合のみ。

連用形「あいなく」の形なので、❷の意味。上達部《かんだちめ》や殿上人《てんじょうびと》という天皇の高位の側近（重臣）までもが、「これ見よがしに」天皇の恋愛事を否定する態度をとる。作者は、「むやみに」という表現によって、重臣らの露骨さをやり過ぎだと非難したいのである。

(26)(14)

おぼえ 221

❶評判
❷寵愛《ちょうあい》

(14)は、「おぼえ」に「御」がついているので、天皇のご「寵愛」。
(26)は、「世のおぼえ」だから、世間の「評判」。

(15)

かかり 159

こうである・こうだ
＊かかる（連体形）＝このような

(17)

あし 143

悪い

ここは「ひどく」の意訳も可。

(18)

やうやう 86

❶だんだん
❷さまざま

宮中から世間へと徐々に悪評が広まるのだから、❶の意味。

(19)

なやみ 名 189'

❶悩み
❷病気

「天の下」は「世間」。世間の人がみな天皇の恋愛事に心を痛め、国政を心配するのだから、❶の意味。

(22)

はしたなし 198

❶中途半端だ
❷体裁《ていさい》が悪い・みっともない

宮中から世間へと悪評が広まって、最悪の事態になっているのだから、❷の意味。「体裁が悪い」と感じるのは、一身に寵愛を受けている更衣。後文「天皇の愛を頼みにする」と逆接関係であることや、天皇は悪評を「気にしていない」（10行目）によってわかる。

(23)

たぐひ 180

種類・例

「たぐひなき」全体で、「比類ない・類がない」の意味。

(24)

よし【由】 228

❶理由
❷由緒《ゆいしょ》
❸方法
❹趣《おもむき》・風情《ふぜい》
❺趣旨《しゅし》・～ということ

母は「古《いにしへ》の人＝古風な人」であり、ほかの方々に劣らぬ儀式をするような人だから、「由緒」正しい家柄の人という意味。

(27)

いたし　141

たいへん・はなはだしい

(28)

はかばかし　48

きちんとしている
＊意訳は文脈で考える。

後見人の説明。後ろ楯（援助）が「きちんとしている」。「しっかりしている」の文脈訳もよい。

(29)

なほ　44

❶やはり
❷もっと

母がほかにひけを取らない儀式をしてはくださるが、父も亡く、後見人もいないので、「やはり」心細い。

(30)

ちぎり　104

❶約束
❷親しい仲・（男女の）深い仲
❸宿命

「前の世＝前世」という仏教思想を根拠に、ここは❸の意味。悪評を浴びながらも、最高に美しい皇子が生まれたのは、宿命としか言いようがないということ。

(31)

いつしか　214

早く

(32)

こころもとながる 動　101'

❶――
❷不安がる
❸待ち遠しがる

前項「いつしか＝早く」とつながっているので、❸の意味。生まれた美しい皇子を、天皇が早くご覧になりたいのである。
＊「こころもとながる」には「❶はっきりしない」に該当する訳がない。

(38) (33)

かしづく　81

❶大切に世話する
❷大切に育てる

(33)は、一の皇子（右大臣の女御《にょうご》の御子）を、疑う余地のない皇太子として世間があがめることをいう。「大切に世話する」が直訳だが、皇太子となるべき人に国民が「大切にお仕えする」の意訳も可。
(38)は、天皇が父親として、最愛の妻の産んだ子を「大切に育てる」。

(34)

きこゆ　167

❶聞こえる ❷評判になる ｝［一般動詞］
❸申し上げる［謙譲語］

世間が皇太子となるべき一の皇子を大切にするのだから、客体高位。よって、謙譲語と判断し、❸の意味。

また、「かしづく」という動詞の直後だから、この「きこゆ」は補助動詞。それによっても❸とわかる。

(35)

にほひ　96

❶美しい色
❷気品・威光《いこう》

生まれてきた皇子の「御にほひ」だから、❷の意味。「威光」というには幼すぎるので、「気品」が適訳。

(36)

おほかた　178

❶だいたい・一般に
❷そもそも
＊❷は話の切り出しに使う。

後ろの「御思ひ」に訳が続いていて、話の切り出しではないから、❶の意味。天皇のお気持ちが、源氏に対しては特別だが、一の皇子に対しては「一般的だ」ということ。ただ皇太子として大切にするだけなのである。

文法

◀1 か
◀5・12 や ……疑問・反語の係助詞。この場合は疑問。　第三章

◀2 ぬ……打消の助動詞「ず」の連体形。　P110～112

◀3 が……格助詞。この場合は同格で「～で」と訳す。

◀4 まして……「まいて」に同じ。「Aだに～、まいてBは～」の構文。本文は「だに」の省略された形。　P214～220

◀6・13 けん……過去推量の助動詞「けむ(ん)」。「～しただろう」。　P75

◀7 ぬべき
◀8 つべく ……確述用法。「ぬ」「つ」は「きっと」と訳す。　P86～89

助動詞「べし」は◀7・◀8ともに、この場合は推量。　第四章

◀9・10・16 ど……逆接の接続助詞。「けれど」。　P25～27

◀11 し……強意の副助詞。あえて訳す必要はない。

◀14 さへ……添加の副助詞。「(…だけでなく)～までも」。　P220～221

◀15 ぬ……完了の助動詞「ぬ」の終止形。　P110～112

◀17 べく……助動詞「べし」の連用形。この場合は可能。　第四章

◀18 ざり……打消の助動詞「ず」のザリ活用の連用形。

◀19 ば……強調の係助詞「は」。「を」のあとでは濁音化することが多い。「は」はあえて訳す必要はない。　P48

90ページ

解答

(1)たいへん　(2)地味（な姿・車）に変え　(3)頼りない・貧しい・みすぼらしい・粗末な・心細そうな　(4)慌《あわ》てさせ・慌てて見失い　(5)たいへん
(6)不都合《ふつごう》な　(7)乱雑な（＊ごたごたとした）

重要単語

(1)
いたし 141
たいへん・はなはだしい

(2)
やつす 212
❶地味な姿に変える
❷出家《しゅっけ》する

乳母《めのと》の見舞いに訪れる場面で、出家とは無関係だから❷はダメ。冒頭の場面説明（現代文）を参考に、人目を忍んでの見舞いなので、牛車も人目につかない「地味な車に変え」たということ。

(3)
はかなし 230
むなしい・頼りない
＊場面に応じた意訳を文脈判断。

住まいの様子（外観）なので「むなしい」の訳は不適。「頼りない」住まいが適訳。また、頼りない感じの住居とは、暮らしぶりのよくないことを意味するので、「貧しい・みすぼらしい・粗末な・心細そうな」などの文脈訳も可。

(4)
まどはす 他動 183'
慌《あわ》てさせる
心を乱れさせる
困惑させる

だれかが鍵をどこかに置いて惟光が「慌てさせ」られている、という場面。「慌てて見失う」の意訳もよい。

(5)
いと 141
たいへん・はなはだしい

(6)
ふびんなり 72
❶不都合《ふつごう》だ
❷気の毒だ

同じセリフの最後に「大通りに立っていらっしゃって」とあり、その続きに「かしこまり申す（＝恐縮し申し上げる）」とあるから、ここは鍵をなくして源氏を待たせたことへのお詫《わ》びの言葉。❶か❷か迷うところだが、自分の側が失態を犯しておいて、高位の源氏に「気の毒ですねえ」は、あまりにのん気で失礼。人目を忍んでのお見舞いなのに、鍵をなくして「不都合な」ことをした自分を責めているのである。❶の意味。

(7)
らうがはし 124
❶乱雑だ
❷やかましい

大通りが「やかましい」という根拠がない。「源氏の身分を見定められるような人はいない」という直前の文脈から考えても、噂《うわさ》をして騒ぐことはないと思われるので、❷はダメ。

源氏の身分の見極めもできないような低い階層の人たちの住む一帯であり、隣家も「はかなき住まひ」（4行目）なのだから、雑然とした雰囲気だと判断する。❶が適訳。「ごたごたとした」の意訳もよい。

文法

◀1・5**たまへ**……尊敬語(四段活用)の「たまふ」の已然形。	P201〜206
◀2**せ**……使役・尊敬の助動詞「す」の連用形。この場合は使役。「〜させる」。	
◀3**か**……疑問・反語の係助詞。この場合は反語。	第三章
◀4**む**……助動詞「む」。この場合は反語文の中なので二度訳すことになり、疑問訳で推量、反語訳で当然。「〜だろうか、いや〜はずがない」。	第四・五章

◀6**れ**……完了の助動詞「り」の已然形。	P174〜175
◀7**や**……詠嘆の間投助詞。「〜なあ・〜よ」。	
◀8**たまへ**……謙譲語(下二段活用)の「たまふ」の連用形。	P201〜206
◀9**べき**……助動詞「べし」の連体形。この場合は可能。	第四章
◀10**ぬ**……打消の助動詞「ず」の連体形。	P110〜112
◀11**ど**……逆接の接続助詞。「〜けれど」。	P25〜27

92ページ

解答

(1)出家《しゅっけ》する (2)難しい・できない (3)このように (4)残念に (5)効きめ・効果(＊お陰《かげ》・功徳《くどく》) (6)このように (7)移動して・訪ねて・来て・見舞って (8)申し上げ (9)(ここ)数日 (10)病気がよくなる・治る (11)難しい・できない (12)ありがたい (13)続け (14)このように (15)出家し (16)ありがたい (17)たいへん (18)感慨深く・悲しく・つらく (19)残念だ (20)もっと (21)そうし (22)差し支《つか》え・支障・差し障《さわ》り (23)よくない (24)不完全な (25)驚きあきれる (26)完全に (27)たいへん (28)むやみに・やたらと(＊むしょうに・わけもなく)

重要単語

(15)(1)

世を{すつ/かる} 117

出家《しゅっけ》する

＊「受戒《じゅかい》」「剃髪《ていはつ》」「得度《とくど》」の意訳もある。

(1)は「世を」が省略された形。「出家し」がたいと思うのは、以前のように乳母《めのと》として源氏に会えなくなるから。

(11)(2)

かたし 115

難しい・できない

(14)(6)(3)

かく 156

こう・これ・このように

(19)(4)

くちをし 55

残念だ

(5)

しるし[験] 13

効果・効きめ

＊「げん」ともいう。

直訳は「効果・効きめ」。出家の効きめで命がよみがえったとは、出家の「お陰《かげ》」、出家の「功徳《くどく》(＝仏の恵み)」とも考えられる。これらの意訳も可。

(7)

わたる 112

移動する

＊具体的な移動の動作は文脈判断する。

オールマイティな訳は「移動する」。源氏がこのように移動していらっしゃったとは、乳母の見舞いに来てくださったこと。「訪ねる・来る・見舞う」の文脈訳も可。

(8)

きこゆ 167

❶聞こえる
❷評判になる
} [一般動詞]

❸申し上げる [謙譲語]

「」の直後なので「言う」の意味。また、乳母が源氏に語る場面なので、客体高位の謙譲語であることからも、❸の意味とわかる。

(9)

ひごろ 名 19'

数日

(10)

おこたる 25

病気がよくなる

(16)(12)

ものす 109

❶ いる・ある
❷ する
＊代動詞。具体的な動作は文脈で考える。

(12)は、病気が治りにくい状態で「ある・いる」。(16)は、出家している様子で「ある・いる」。(12)(16)ともに、❶の意味。

(13)

～わたる 112’

❶ ～し続ける
❷ 一面に～する

乳母の病気が治らなかった数日間、源氏はそれを嘆き「続け」たのである。❶の意味。

(27)(17)

いと 141

たいへん・はなはだしい

(18)

あはれなり 106

感慨深い
＊すべての感情の代用語。具体的な感情は文脈で考える。

オールマイティな訳は、「感慨深い」。ここは、乳母の出家に対する源氏の感情。直後の「口惜し（＝残念だ）」とほぼ同じマイナス感情と判断。出家は俗世の縁を断つのだから、源氏としては「悲しい・つらい」。

(20)

なほ 44

❶ やはり
❷ もっと

「長生きして、私の位が高くなるのを見てください」と源氏が語っている。源氏がすでにある程度の身分の高さを持っていることは、乳母のセリフや地の文（作者の描写部分）に敬語が使われていることでわかる。よって、今よりも「もっと」位が高くなるのを見てほしいということ。❷の意味。

---

(21)

さ 155

そう・それ・そのように

(22)

さはり 名 206’

差し支《つか》え・じゃま

「差し支え」「支障」「差し障《さわ》り」の訳がよい。「じゃま」は場面に合わない。

(23)

わろし 144

よくない

(24)

かたほなり 154

不完全だ

訳は「不完全だ」。(26)「まほなり」の反意語。乳母のような子どもをかわいがるはずの人は、不完全な何を完全だと見なすのか、直後の言葉が省略されている。不完全な子でも、完璧な子だとひいき目に見るのである。

(25)

あさまし 38

驚きあきれる

(26)

まほなり 153

完全だ

訳は「完全だ」。(24)「かたほなり」の反意語。

(28)

すずろなり 99

❶ なんとなく
❷ 不意《ふい》に
❸ むやみに・やたらと
❹ 無関係だ・つまらない

直後の「涙がちなり」の主語は乳母。尊敬語が使われていないことや、直前の文脈でわかる。乳母は7行目ですでに泣いていた。最終行のこの部分になってもまだ涙が止まらないのだから、❸の意味。「むしょうに・わけもなく」の意訳も可。

文法

▼1・8**ど**……逆接の接続助詞。「〜けれど」。　P25〜27

▼2・6・10**たまへ**……謙譲語(下二段活用)の「たまふ」の連用形。　P201〜206

▼3**さぶらひ**……この場合は謙譲語。「お仕えする・お控えする」。　P195〜200

▼4**らるる**……受身・尊敬・可能・自発の助動詞「らる」の連体形で、この場合は受身。「御覧ぜらるる」全体の直訳は「(源氏が)御覧になることを(私が)される」という難解な訳になるので、受動態を能動態に換えて「(私が源氏に)見ていただく・お目にかかる」と訳すとよい。　第十一章

▼5**なん**……確述用法。「な」は「きっと」と訳す。助動詞「む(ん)」は、文中の連体形で婉曲。「〜ような」。　第六章　P72〜74

▼7**しか**……過去の助動詞「き」の已然形。

▼9・11 / 16・20 **なん**……強意の係助詞「なむ(ん)」。あえて訳す必要はない。　P49・第六章

▼12**れ**……受身・尊敬・可能・自発の助動詞「る」の連用形。この場合は自発。　P174〜175　第十一章

▼13**べき**……助動詞「べし」の連体形。この場合は可能。　第四章

▼14**らるる**……受身・尊敬・可能・自発の助動詞「らる」の連体形。この場合は尊敬。　第十一章

▼15・17**たまへ** / ▼18**たまは**……尊敬語(四段活用)の「たまふ」。▼15は已然形、▼17は命令形、▼18は未然形。　P201〜206

▼19**め**……助動詞「む(ん)」の已然形。この場合は命令。　第四・五章

▼21**だに〜まして**……「だに」は副助詞。「Aだに〜、まいてBは〜」の構文。「まして」は「まいて」に同じ。　P214〜220

▼22**べき**……助動詞「べし」の連体形。この場合は当然。　第四章

▼23**ものを**……逆接の接続助詞。「〜のに」。　P27

▼24**けん**……助動詞「けむ(ん)」。文中の連体形で、過去の婉曲。「〜したような」。　P75

▼25**べかめれ**……「べかるめれ」の「る」が慣用的に脱落した形。「べかる」は助動詞「べし」のカリ活用の連体形で、この場合は推量。「めれ」は推定の助動詞「めり」の已然形で、「〜ようだ」。「べかめれ」全体で「〜ようだ・〜らしい」と訳す程度でよい。　第四章　P75

源《げん》氏《じ》物《もの》語《がたり》

95ページ

解答

(1)たくさん・多く (2)たいへん楽しみな・たいへんすばらしい・たいへん美しい (3)かわいらしい (4)たいへん (5)たいへん (6)残念だ (7)座って (8)いつも (9)このような (10)たいへん (11)いやだ・気に入らない (12)たいへん (13)かわいく (14)だんだん (15)たいへん (16)見た目がよい・見た感じがよい (17)ああ (18)(言っても)どうしようもなく(＊たわいもなく) (19)ありがたい・い (20)このように (21)申し上げる (22)つらく(＊情けなく) (23)座っ (24)たいへん (25)かわいらしく (26)幼く(＊あどけなく) (27)たいへん (28)かわいい (29)見たい・見届けたい (30)面倒《めんどう》がり・わずらわしがり (31)美しい (32)たいへん (33)頼りなく・たわいなく・幼く (34)ありがたい・い (35)感慨深く・心細く (36)不安だ・気がかりだ (37)まったく (38)このよう (39)取り残され(死におくれ・先立たれ) (40)たいへんよく・たいへんしっかりと (41)どうして・どのようにして (42)たいへんひどく・たいへん激しく (43)むやみに・やたらと(＊むしょうに・わけもなく) (44)そうは言ってもやはり (45)見つめ・じっと見 (46)すばらしく (47)後に残す(＊先立つ)

重要単語

(1)
あまた 20
たくさん

(42)(40)(27)(2)
いみじ 108
❶たいへん
❷たいへん〜
＊❷は「〜」の部分を文脈補足する。

(27)は「たいへん」の訳だけでよい。(2)(40)(42)は、「たいへん」の後ろにそれぞれ言葉不足を文脈補足する。
(2)は、かわいい少女の生い先がどう見えるかを考える。「楽しみだ・すばらしい・美しい」など、将来の成長ぶりが予見できるということ。
(40)は、故姫君が十二歳でものごとを「よく・しっかりと」わかっていた。
(42)は「ひどく・激しく」泣く。

(28) (3)
うつくしげなり 形動
うつくし 形 120
かわいらしい
かわいい

(3)は形容動詞。(28)は形容詞。品詞が違っても、訳はほぼ同じ。

(32)(15)(10)(4)
(37)(24)(12)(5)
いと 141
たいへん・はなはだしい

(37)は「まったく」の意訳が美しい。

(6)
くちをし 55
残念だ

(23)(7)
ゐる 184
座る・座っている

(8)
れい 181
いつも

(38)(9)
かかり 159
こうである・こうだ
＊かかる(連体形)＝このような

⑾

こころづきなし 132

いやだ・気に入らない

訳は「いやだ・気に入らない」。いつも心無いイタズラばかりする犬君《いぬき》(召使いの女童《めのわらわ》)が雀の子を逃がして叱られるなんて困ったものねえ、という内容。叱られるようなことをする犬君の行為をいやがっているのである。

(31)⒀

をかし 97

❶興味がある・興味深い
❷美しい・かわいい
❸趣《おもむき》深い・風流だ
❹おかしい・滑稽《こっけい》だ

⒀は、前後の文脈が雀の子を捜していることから、雀の子を話題にしていると判断し、❷の「かわいい」。

(31)は、尼君が若紫の髪を話題にしている部分なので、❷の「美しい」が適訳。

⒁

やうやう 86

❶だんだん
❷さまざま

前項⒀と同様、雀の子を話題にしている。たいへんかわいくなった雀の子の成長の様子を語っているので、❶の意味。

⒃

めやすし 67

見た目がよい
見た感じがよい

⒄

あな 168

ああ

⒅

～かひなし 122

(～しても)どうしようもない

本文は「いふかひなし」で「(言っても)どうしようもない」が直訳。前後で若紫の幼さを尼君が嘆いているので、どうしようもない幼さだということ。「たわいもない」の意訳も可。

(34)⒆

ものす 109

❶いる・ある
❷する
＊代動詞。具体的な動作は文脈で考える。

⒆は、どうしようもなく幼い状態で「ある・いる」。❶の意味。

(34)は、頼りない状態で「ある・いる」。❶の意味。

⒇

かく 156

こう・これ・このように

(21)

きこゆ 167

❶聞こえる
❷評判になる
}[一般動詞]
❸申し上げる [謙譲語]

罪得ることだと常に「言う」の意味。尼君が若紫に常にそう言ってきたという文脈で、客体・若紫に対して尼君はほかの箇所でも敬語を使っているから、ここも客体高位の謙譲語と判断する。❸の意味。

(22)

こころうし[心憂し] 形 3'

つらい

直訳は「つらい」。若紫の幼さに対する尼君の感情なので「情けない」の意訳も可。

(25)

らうたげなり 形動 120'

かわいらしい

形容詞「らうたし」の形容動詞化したもの。

(26)
いはけなし 118
幼い

若紫の容姿の描写なので、「あどけない」の意訳もよい。

(29)
ゆかし 110
～したい
＊「～」の部分は文脈補足する。

前文の眉・額・髪のかわいらしさの描写や、直後の「目とまり給ふ」を根拠に、「見たい」と訳す。

今のかわいらしい姿に目をとめながら、今後の成長ぶりを「見たい・見届けたい」と思うのである。

(30)
うるさがる 動 119'
わずらわしがる
面倒《めんどう》がる

(33)
はかなし 230
むなしい・頼りない
＊場面に応じた意訳を文脈判断。

文末に(36)「うしろめたし（＝不安だ）」があるので、尼君が若紫の何を心配しているかを文脈判断する。17行目で幼さを嘆いたことと考え合わせ、「頼りない・たわいもない・幼い」などの文脈訳が当てはまる。

(35)
あはれなり 106
感慨深い
＊すべての感情の代用語。具体的な感情は文脈で考える。

「感慨深い」はオールマイティな訳。具体的な感情は、次項(36)「うしろめたし（＝不安だ）」に続いているので、ほぼ同じような気持ち。若紫の幼さを嘆き、将来を心配している部分なので「心細い」の文脈訳がよい。

(36)
うしろめたし 151
不安だ・気がかりだ

(39) (47)
おくる おくらす 自動 他動 202
後に残る・取り残される
後に残す・取り残す

「おくる」は自動詞、「おくらす」は他動詞。

(39)は、姫君が殿に死なれて「後に残る・取り残される」こと。「死におくれる。先立たれる」の意訳も可。

(47)は尼君（「露」は比喩）が若紫（「若草」は比喩）を「後に残し」て死ぬこと。

(41)
いかで 164
❶［疑問］どうして～か
❷［反語］どうして～か、いや～ない
❸［強調］なんとかして

もし私が死んだら「どうして・どのようにして」この世を生きていくのかと、尼君が若紫の幼さを嘆き、自分の亡きあとの心配をしている部分。❶の意味。

(43)
すずろなり 99
❶なんとなく
❷不意《ふい》に
❸むやみに・やたらと
❹無関係だ・つまらない

尼君の嘆きを見ているのは、覗《のぞ》き見をしている源氏。尼君が泣くのを見て、源氏も悲しくなる。他人の源氏が同じ気持ちになるのは理由のないことで、「むしょうに・わけもなく」悲しいということ。直訳は❸がよい。

(44)
さすがに 45
そうは言ってもやはり

(45)

まもる

18

見つめる・じっと見る

文法

▼1・5**や**……疑問・反語の係助詞。この場合は疑問。　第三章

▼2**む**……助動詞「む」。この場合は推量。　第四・五章

▼3**の**……格助詞。この場合は同格で「～で」と訳す。

▼4**べう**……「べく」のウ音便。この場合は推量。　第四章

▼6・31**給へ**……尊敬語（四段活用）の「給ふ」の已然形。　P201～206

▼7**る**……完了の助動詞「り」の連体形。　P174～175

▼8・13**か**……疑問・反語の係助詞。この場合は疑問。　第三章

▼9・16**なめり**……「なるめり」の「る」が慣用的に脱落した形。
「なる」は断定の助動詞「なり」の連体形で、　第九章
「～である」。
「めり」は推定の助動詞で「～ようだ」。　P75

▼10・14・29**ものを**……逆接の接続助詞。「～のに」。　P27

▼11**の**……格助詞。この場合は主格で「～が」と訳す。

▼12**るる**……受身・尊敬・可能・自発の助動詞「る」の連体形。この場合は受身。　第十一章

▼15**もこそ**……「も」「こそ」ともに係助詞。「も」「こそ」が単独で使われた場合は、　P48～49
あえて訳す必要はない。が、「もこそ」とセットになると、　P50
「～したら大変だ・～したら困る」と訳す。

▼17**める**……婉曲の助動詞「めり」の連体形。「～ようだ」。　P75

(46)

めでたし

43

すばらしい

▼18**べし**……助動詞「べし」の終止形。この場合は推量。　第四章

▼19・23・27**や**……詠嘆の間投助詞。「～なあ・～よ」。訳しにくい場合はあえて訳さなくてもよい。

▼20・25**かな**……詠嘆の終助詞。「～なあ・～よ」。

▼21**ば**……強調の係助詞「は」。「を」のあとでは濁音化することが多い。「は」はあえて訳す必要はない。　P48

▼22**で**……打消の接続助詞。「～ないで」。

▼24・38**む**……助動詞「む」。文中の連体形。厳密には仮定婉曲で「もし～ならそのような」と訳すが、「～ような」だけでもかまわない。　P72～74

▼26**ど**……逆接の接続助詞。「～けれど」。　P25～27

▼28・37**ぬ**……打消の助動詞「ず」の連体形。　P110～112

▼30・32**し**……過去の助動詞「き」の連体形。

▼33**ぞかし**……「ぞかし」で「～(だ)よ」と訳す。「かし」は念押しの終助詞。「ぞ」は強意の係助詞だが、このように文末で使われた場合のみ、終助詞に分類する説もある。　P50

▼34**たてまつらば**……「たてまつら」は謙譲語「たてまつる」の未然形。　P200
「未然形＋ば」は仮定で、「もし～なら」。　P30～31

▼35**む**……助動詞「む」。この場合は意志。　第四・五章

▼36**らむ**……現在推量の助動詞。「～いるだろう」。　P75

30 万《まん》葉《よう》集《しゅう》

102ページ

解答

Ⅰ (1)美しい色　(2)感動し

Ⅱ (1)新しい　(2)よい　(3)悪くない（＊よりよい）

重要単語

Ⅰ

(1) **にほひ** 96
❶美しい色
❷気品・威光《いこう》

「紅葉」を根拠に、❶の意味。

(2) **めづ** 42
ほめる・感動する

紅葉の色を楽しむのだから、「感動する」の訳がよい。

Ⅱ

(1) **あらたし** 49'
新しい

(2) **よし**〔良し・善し〕 146
よい

(3) **よろし** 145
悪くない

直訳は「悪くない」。ここは、もっと積極的に、「よりよい」の意訳もよい。

文法

Ⅰ

◀1 **けり**……和歌中の「けり」は詠嘆。「〜なあ・〜よ」。

Ⅱ

◀1 **し**……過去の助動詞「き」の連体形。

◀2 **べし**……助動詞「べし」の終止形。ここは当然。「〜はずだ」。

古《こ》今《きん》和《わ》歌《か》集《しゅう》

103ページ

解答

Ⅰ (1)なるほど
Ⅱ (1)離れ　(2)枯れ
Ⅲ (1)(その)名を持つ　(2)さあ

重要単語

(1) Ⅰ

むべ 223
なるほど

(2)(1) Ⅱ

かる[離る] 動 203
離れる
*掛かる→離る・枯る

人目も「(1)離れ」てしまうし、草も「(2)枯れ」てしまう、の掛詞。「人目が離れる」とは、だれも会いに来ないこと。冬の山里を訪れる人はいないという文意。

(1) Ⅲ

なにしおふ 213
その名を持つ
*「その名で知られている」「有名だ」の意訳もある。

(2)

いざ 134
さあ
*決意・鼓舞・勧誘(!)を示す。

文法

Ⅰ
◀1 **らむ**……現在推量の助動詞。「〜いるだろう」。　P75

Ⅱ
◀1 **ぞ**……強意の係助詞。あえて訳す必要はない。　P49
係結びの法則により、文末は連体形。この場合は、第三句の「ける」が助動詞「けり」の連体形だから、第三句が意味上の文末。　P108〜109

◀2 **ける**……和歌中の「けり」は詠嘆。「〜なあ・〜よ」。　P110〜112
◀3 **ぬ**……完了の助動詞「ぬ」の終止形。

Ⅲ
◀1 **負はば**……「負は」は動詞「負ふ」の未然形。「未然形＋ば」は仮定で、「もし〜なら」。　P30〜31
◀2 **ん**……助動詞「む(ん)」。この場合は意志。　第四・五章
◀3・4 **や**……疑問・反語の係助詞。この場合は疑問。　第三章

32 後《ご》拾《しゅう》遺《い》和《わ》歌《か》集《しゅう》

105ページ

解答

I (1)たいへん (2)趣《おもむき》深く・風流で (3)過去・これまで (4)将来・これから (5)めったにない (6)徒歩 (7)座っ・座ってい (8)見ながら物思いに耽《ふけ》っ

II (1)約束し (2)互いに (3)泣き

重要単語

I

(1) **いと** 141
たいへん・はなはだしい

(2) **おもしろし** 98
❶興味がある・興味深い
❷趣《おもむき》深い・風流だ
❸おもしろい・滑稽《こっけい》だ

月の描写だから、❷の訳。

(3) **きしかた** 147
過去・これまで

(4) **ゆくすゑ** 148
将来・これから

(5) **ありがたし** 40
めったにない

(6) **かち** 36
徒歩

「かちより」全体で「徒歩で」と訳す。

(7) **ゐる** 184
座る・座っている

(8) **ながむ** 93
❶(遠くを見ながら)物思いに耽《ふけ》る
❷(和歌や漢詩を)朗詠《ろうえい》する

池の月を見ているのは輔親《すけちか》で、和歌を詠《よ》む懐円法師とは別人物だから、❷の訳はダメ。❶が適訳で、池にうつっている月を「見ながら物思いに耽る」。

II

(1) **ちぎる** 動 104’
❶約束する
❷親しい仲になる

第五句が文の途中で終わっているので倒置だと判断する。内容的には、第五句の続きは第一句で、「…とは契りきな」となる。よって、「…と約束する」の意味。❶の訳。

(2) **かたみに** 211
互いに・代《か》わる代《が》わる

あなたも私も「互いに」泣いた。ふたりともが泣いたという意味なので、「代わる代わる」の訳はこの場合は合わない。

(3)

そでをしぼる［袖を絞る］

名+格助+動

21'

泣く

文法

I

◀1 **給へ**……謙譲語（下二段活用）の「給ふ」の連用形。 P201~206

◀2 **が**……格助詞。この場合は連体修飾格で「~の」と訳す。

◀3 **て**……完了の助動詞「つ」の連用形。

◀4 **じ**……打消推量・打消意志の助動詞「じ」。この場合は、打消推量。 P78~79

◀5 **なん**……強意の係助詞「なむ（ん）」。あえて訳す必要はない。 P49・第六章

◀6 **や**……疑問・反語の係助詞。この場合は疑問。 第三章

◀7 **らん**……現在推量の「らむ（ん）」。「~いるだろう」。 P75

II

◀1 **き**……過去の助動詞「き」。

◀2 **な**……詠嘆の終助詞。「~なあ・~よ」。

◀3 **じ**……打消推量・打消意志の助動詞「じ」。この場合は、打消意志。 P78~79

33 千《せん》載《ざい》和《わ》歌《か》集《しゅう》・新《しん》古《こ》今《きん》和《わ》歌《か》集《しゅう》

107ページ

解答

Ⅰ (1)一晩中・夜通し (2)冷淡だ・無情だ

Ⅱ (1)ぞっとする(ほど寂しい)

重要単語

Ⅰ (1)

よ(も)すがら 150 一晩中・夜通し

(2)

つれなし 209 ❶無関係だ ❷冷淡だ

物思いのあるときは夜がなかなか明けてくれない、という文脈。寝室の戸の隙間から差し込むはずの朝の光が、作者の期待に応《こた》えてくれないのだから、❷の意味。もちろん擬人法。「恋の歌」だから、恋人のことで悩んでの徹夜。ひとり寝をしているのだから、恋人が「冷淡だ」という気持ちも重ねている。「無情だ」の訳も可。

Ⅱ (1)

すごし 52 ぞっとする

直訳は「ぞっとする」。「古い畑」「崖」「鳩の友を呼ぶ声」「夕暮れ」などの列挙により、「ぞっとするほど寂しい」の意訳もよい。

文法

Ⅰ

◀1 **で**……打消の接続助詞。「〜ないで」。

◀2 **さへ**……添加の副助詞。「(…だけでなく)〜までも」。

◀3 **けり**……和歌中の「けり」は詠嘆。「〜なあ・〜よ」。

P220〜221

110ページ

A 重要単語

解答

A (1)気の毒だ (2)愛しい (3)消え・なくなっ (4)連れて行っ・連れ（＊伴っ）

(1)

いとほし 92
❶いやだ
❷気の毒だ

3行目に天の羽衣は物思い（悩み）をなくすとあるので、かぐや姫は羽衣を着た途端に、育ての父である翁《おきな》を残して月に還《かえ》ることを悩まなくなるのである。翁を「気の毒だ」と思う気持ちが消える。❷の訳。

(2)

かなし 61
❶愛《いと》しい
❷悲しい

前項(1)と同様の文脈。翁を「愛しい」と思う気持ちが消えるのである。❶の訳。

(3)

うす 84
❶消える・いなくなる
❷死ぬ

翁を思う気持ちが消滅するのである。この場合は、❶の「消える」が適訳。「なくなる」もよい。

(4)

ぐす 87
❶連れて行く
❷連れ添う・結婚する

かぐや姫が、百人の天人とともに昇天するということ。❶の意味。「伴う」の意訳もよい。

文法

P110〜112

◀1 **つれ**……完了の助動詞「つ」の已然形。
◀2・4 **つる**……完了の助動詞「つ」の連体形。
◀3・5 **ぬ**……完了の助動詞「ぬ」の終止形。

B 重要単語

解答

B (1)続け (2)長年・数年 (3)準備し(＊作っ・こしらえ) (4)すっかり (5)ところへ

(1) **～わたる** 112'
❶～し続ける
❷一面に～する

「住み続ける」で、❶の意味。❷の訳は、この場合、日本語として意味をなさない。

(2) **としごろ** 19
長年・数年

(3) **まうく** 動 121'
準備する

ここは、新しい妻を「作る・こしらえる」の意訳が美しい。

(4) **～はつ** 186
～し終わる・すっかり～する

(5) **がり** 29
～のところへ

C 重要単語

解答

C (1)むだな(＊無用の・価値のない) (2)驚きあきれる

(1) **あだなり** 205
❶むだだ
❷はかない
❸浮気だ

昆虫の話なので、❸はおかしい。蚕《かいこ》(毛虫)は絹の糸を出すが、蝶になると役に立たないという文意だから、❶の意味。ここは「無用だ・価値がない」の意訳もよい。

(2) **あさまし** 38
驚きあきれる

文法

P110～112 第四章

◀1 **ぬ**……打消の助動詞「ず」の連体形。

◀2 **をや**……「を」「や」ともに間投助詞。文末に用いて詠嘆を表す。「～なあ」。

◀3 **べう**……「べく」のウ音便化したもの。この場合は可能。

D 重要単語

解答
D (1)たいへん (2)威厳があっ

(1) **いと** 141
たいへん・はなはだしい

(2) **ところせし** 103
❶窮屈だ
❷大げさだ・仰々《ぎょうぎょう》しい
❸威厳がある

直前の「ものものしく」「きよげに」「よそよそしげに」がすべてほめ言葉なので、❸の意味。

文法

◀1 **させ**……使役・尊敬の助動詞「さす」の連用形。この場合は尊敬。
◀2 **給へ**……尊敬語(四段活用)の「給ふ」の已然形。 P201〜206
◀3 **の**……格助詞。この場合は主格で「〜が」と訳す。
◀4 **さぶらひ**……この場合は謙譲語。「お仕えする・お控えする」。 P195〜200

E 重要単語

解答
E (1)高貴な (2)そうではあるけれど・けれど (3)手紙 (4)大人びてい・しっかりしてい(＊きちんと書け)

(1) **あてなり** 12
高貴だ・上品だ

物語の書き出しで主人公「男」の最初の説明として使われているので、「上品だ」という感覚的な訳よりも、「高貴だ」という客観的な身分を示す訳のほうがより適訳。

(2) **されど** 接続詞 158'
そうではあるけれど
＊「マドンナ古文単語」170ページ一覧表参照。

「けれど」だけでもよい。

(3) **ふみ** 171
❶手紙
❷書物
❸学問
❹漢詩

平安時代の男女交際は、初めのうちは手紙や和歌のやりとり（恋文）で心を交わした。よって、❶の訳。

(4) **をさをさし** 224
大人びている・しっかりしている

直訳は「大人びている・しっかりしている」。ここは、女がまだ若くて返事の恋文が書けない、という文脈。「きちんと書け」ないという意訳もよい。

本文「をさをさしから」は形容詞「をさをさし」のカリ活用。副詞の「をさをさ〜打消（＝ほとんど〜ない）」と混同しないようにすること。

文法

◀1 **いはむや**……「Aすら〜、いはむやBは〜」の構文。P214〜217
この場合は、「すら」が省略された形。

◀2 **ざり**……打消の助動詞「ず」のザリ活用の連用形。

◀3 **せ**……使役・尊敬の助動詞「す」の連用形。この場合は使役。「〜させる」。

F 重要単語

解答

F (1)恥ずかしい (2)できなく (3)どうしようもない (4)ああである (5)こうである

(1) **はづかし** 62

❶恥ずかしい ❷立派だ・優《すぐ》れている

直前に「宮にはじめてまゐりたるころ」とあるので、初出仕のころ。また、直後に「涙が落ちそうだ」とも書いてある。よって、ここは❶の意味。

(2) **え〜** 打消 114

〜できない

(3) **わりなし** 71

❶筋が通らない・無理だ ❷どうしようもない・しかたがない

せっかく中宮がわざわざ絵を見せてくださっているのに、作者は恥ずかしさで手を出すこともできない、という場面。緊張のあまり体が動かないのだから、❷の「どうしようもない」が適訳。

(4) **とあり** 160

ああである・ああだ

*「とありかかり」「ともあれかくもあれ」のペアの形が多い。

ここは、次項(5)「かかり」とペアで使っている。「とありかかり」で「ああである、こうである」と訳す。中宮が作者に絵を見せて詳《くわ》しく説明している場面。実際に中宮が語ったとおりを書くと長くなるので、作者が指示語で内容を省いた。

(5)

かかり 159

こうである・こうだ

前項を参照。

文法

◀1 **ぬべけれ**……確述用法。「ぬ」は「きっと」と訳す（現代語訳「今にも」は意訳）。助動詞「べけれ」はこの場合は推量。 P86〜89

◀2 **さぶらふ**……この場合は謙譲語。「お仕えする・お控えする」。 第四章 P195〜200

◀3 **させ**……使役・尊敬の助動詞「さす」の連用形。この場合は尊敬。

◀4 **まじう**……助動詞「まじ」の連用形「まじく」がウ音便化したもの。この場合は不可能。 P78〜79

G 重要単語

解答

G (1)きちんと整って美しい (2)美しく・かわいく

(1)

うるはし 66

きちんと整って美しい

(2)

をかし 97

❶興味がある・興味深い
❷美しい・かわいい
❸趣《おもむき》深い・風流だ
❹おかしい・滑稽《こっけい》だ

声色の描写だから、❷の訳が適訳。「美しい」の訳でもよいし、小舎人《こどねり》童《わらわ》はまだ子どもなので「かわいい」の訳でもよい。

文法

◀1・2 **が**……格助詞。この場合は主格で「〜が」と訳す。

H 重要単語

解答

H (1)たいへん (2)感慨深い・興味深い・しみじみとありがたい・霊験《れいげん》あらたかな感じがする (3)まね(を)する

(1) **いと** 141
たいへん・はなはだしい

(2) **あはれなり** 106
感慨深い
＊すべての感情の代用語。具体的な感情は文脈で考える。

オールマイティな訳は「感慨深い」。鸚鵡《おうむ》に対する作者の具体的感情を考えてみる。㊟によると鸚鵡は外国の鳥であり、霊鳥と考えられていた。よって、「興味深い・しみじみとありがたい・霊験《れいげん》あらたかな感じがする」などの文脈訳が適訳。

(3) **まねぶ** 220
❶まねをする ❷学ぶ ❸伝える

鸚鵡は人の口まねをする鳥。❶の訳。

文法

◀1 **ど**……逆接の接続助詞。「けれど〜」。 P25〜27

◀2 **らむ**……助動詞「らむ」。文中の連体形で、現在の婉曲。「〜いるような」。 P75

◀3 **らむ**……現在推量の助動詞。「〜いるだろう・〜らしい」。 P75

I 重要単語

解答

I (1)ちょっと・しばらくの間 (2)できない

(1) **あからさまなり** 8
ちょっと・しばらくの間

(2) **〜あへず** 114
〜できない

文法

◀1 **つる**……完了の助動詞「つ」の連体形。

◀2 **ぞかし**……「ぞかし」で「〜(だ)よ」と訳す。「かし」は念押しの終助詞。「ぞ」は強意の係助詞だが、このように文末で使われた場合のみ、終助詞に分類する説もある。 P50

J 重要単語

解答

J (1)様子 (2)ほとんど

(1)

けしき 1 様子

(2)

をさをさ〜 打消 17 ほとんど〜ない

文法

◀1 **まじけれ**……助動詞「まじ」の已然形。この場合は打消推量。

P78〜79

K 重要単語

解答

K (1)中心

(1)

むね 191 中心

文法

◀1 **べし**……助動詞「べし」の終止形。この場合は適当。「〜(する)のがよい」。

第四章

L 重要単語

解答

L (1)種類（＊妖怪の類） (2)たくさん・多く

(1) **たぐひ** 180 種類・例

猪の頭・竜の頭など、いろいろな「種類」の恐ろしい形。ここは「妖怪の類」と意訳してもよい。「例」の訳は不適。

(2) **そこばく** 137 たくさん

M 重要単語

解答

M (1)立派な・身分の高い (2)早く (3)強い

(1) **さるべき** 161 ❶ふさわしい ❷立派な・身分の高い ❸そういう運命の

藤原全盛期を築いた道長のような人だから、❷の訳がよい。

(2) **とし** 60 早い ＊連用形「とく＝早く」の用例が多い。

連用形「とく」がウ音便化したもの。「早く」と訳す。

(3) **こはし** 222 強い

文法

◀1 **なめり**……「なるめり」の「る」が慣用的に脱落した形。「なる」は断定の助動詞「なり」の連体形で、「〜である」。「めり」は推定の助動詞で「〜ようだ」。

◀2 **は**……詠嘆の終助詞。「〜なあ・〜よ」。

第九章 P75

N 重要単語

解答

N (1)こう・このように (2)道理 (3)書物（＊文章） (4)心を満足させ
（＊心を晴れ晴れとさせ）

(1)
かく 156
こう・これ・このように

(2)
ことわり 4
道理

訳は「道理」。「道理を知っている人」とは、正しい判断力を持っている人のこと。

(3)
ふみ 171
❶手紙
❷書物
❸学問
❹漢詩

冒頭の場面説明（現代文）により、ここは「物語」を作ることが罪かどうかを論じていると判断し、❷の意味。「文章」の意訳もよい。

(4)
こころ(を)ゆかす 他動 194'
心を満足させる

「こころゆく（＝満足する）」の他動詞。物語というものは、人（読者）の「心を満足させる」。「心を晴れ晴れとさせる」の意訳もよい。

文法

▼1 **ど**……逆接の接続助詞。「〜けれど」。
▼2 **し**……過去の助動詞「き」の連体形。
▼3 **ゆかし**……動詞「行く」の他動詞「行かす」の連用形。「心(を)ゆかす」全体で「心ゆく」の他動詞と考えてもよい。
▼4 **べき**……助動詞「べし」の連体形。この場合は可能（許容）。

P25〜27 第四章

O 重要単語

解答

O (1)様子 (2)悪い (3)そうではあるけれども・けれども (4)一日中・終日

(1) **けしき** 1 様子

(2) **あし** 143 悪い

(3) **しかれども** 接続詞 158' そうではあるけれど(も)

＊「マドンナ古文単語」170ページ一覧表参照。

「けれど(も)」だけでもよい。

(4) **ひねもす** 149 一日中・終日

文法

◀1 **なり**……動詞「なる」の連用形。「〜(に)なる」。

◀2 **ぬ**……完了の助動詞「ぬ」の終止形。

第九章 P110〜112

P 重要単語

解答

P (1)やはり (2)早く (3)移動し・通り・通過し

(1) **なほ** 44 ❶やはり ❷もっと

直後の「同じ所に泊まっている」を根拠に、❶の意味。❷の訳は、日本語として意味をなさない。

(2) **いつしか** 214 早く

(3) **わたる** 112 移動する

＊具体的な移動の動作は文脈判断する。

オールマイティな訳は「移動する」。ここは「通る・通過する」の文脈訳がよい。『土佐日記』は、土佐から都へ戻る船旅日記。「御崎《みさき》(=室戸岬)」は途中の通過点の一つ。

文法

◀1 **ね**……打消の助動詞「ず」の已然形。

◀2 **む**……助動詞「む」。この場合は意志。

◀3 **べく**……助動詞「べし」の連用形。この場合は推量。

P110〜112
第四・五章
第四章

Q 重要単語

解答

Q (1)無礼だ・失礼だ (2)畏《おそ》れ多い（＊立派な） (3)申し上げる

(1)

なめし 218

無礼だ・失礼だ

娘とはいえ「中宮」という最高位の女性の寝台の中を酔ってずかずかと通ってしまった道長。おそらくは中宮が内心で「無礼だ」と怒っているだろうと察して、自分から発言する。

(2)

かしこし 54

畏《おそ》れ多い

この場合の「親」「子」は道長自身と娘・中宮のこと。「賢い」の訳もあるが、道長や中宮の頭の良さを話題にしている部分ではないのでダメ。中宮は最高位の「畏れ多い・立派な」女性。しかし、それも「この父親がいるからこそ」の地位だと道長は言う。酔っぱらいの軽口ではあるが、道長の権力の強さを自慢したひと言。

(3)

きこゆ 167

❶聞こえる
❷評判になる ［一般動詞］
❸申し上げる ［謙譲語］

人々（女房たち）が、酔って軽口をたたく道長を笑う。客体高位だから、❸の意味。また、ここは補助動詞の用法なので、それによっても❸と判断できる。

文法

◀1 **せ**……使役・尊敬の助動詞「す」の連用形。この場合は尊敬。

◀2 **らむ**……現在推量の助動詞。「～いるだろう」。

P75

R 重要単語

解答

R (1)どうしようもなく(＊言いようのないほど) (2)そのような・そういう (3)想像し・遠く思いを馳《は》せ

(1)

〜かたなし 122

(〜しても)どうしようもない

本文は「いふかたなし」で「(言っても)どうしようもない」。「言いようのないほど」の意訳も可。

(2)

さり 158

そうである・そうだ

＊さる(連体形)＝そのような

(3)

〜やる 185

遠く〜する

＊「思ひやる＝想像する」は間違えやすいので注意。

「思ひやる」全体で「想像する・遠く思いを馳《は》せる」と訳す。

文法

▼1 **ぬ**……打消の助動詞「ず」の連体形。 P110〜112

▼2 **なむ**……強意の係助詞。あえて訳す必要はない。 P49・第六章

▼3 **の**……格助詞。この場合は同格で「〜で」と訳す。

▼4 **あなる**……「あるなる」の「る」が慣用的に脱落した形。

「なる」は伝聞推定の助動詞「なり」の連体形。 第九章

「〜とかいうことだ・〜らしい・〜そうだ」。

▼5 **らむ**……現在推量の助動詞。「〜いるだろう」。 P75

S 重要単語

解答

S (1)ひそかに・こっそりと (2)早く

(1) **みそかなり** 34

ひそか・こっそり

＊連用形「みそかに」の形で頻出。

(2) **とし** 60

早い

＊連用形「とく＝早い」の用例が多い。

文法

◀1 **さぶらふ**……この場合は丁寧語。「あります・ございます」。 P195〜200

◀2 **なる**……伝聞推定の助動詞「なり」の連体形。「〜とかいうことだ・〜らしい・〜そうだ」。 第九章

◀3 **給へ**……尊敬語（四段活用）の「給ふ」の命令形。 P201〜206

T 重要単語

解答

T (1)やかましく (2)騒ぐ・大騒ぎする（＊大声を出す）

(1) **かしがまし** 123

やかましい

(2) **ののしる** 41

❶大騒ぎする

❷評判になる

＊❷は超難関大学がまれに出題。

猫の鳴き声の描写だから、❶の意味。「大声を出す」の意訳も可。

文法

◀1 **せ**……使役・尊敬の助動詞「す」の連用形。この場合は使役。「〜させる」。

◀2 **ね**……打消の助動詞「ず」の已然形。 P110〜112

◀3 **ども**……逆接の接続助詞。「〜けれども」。 P25〜27

U 重要単語

解答

U (1)優雅で・優美で (2)立派な様子で(＊優《すぐ》れている様子で) (3)たいへん (4)趣《おもむき》深く・風流で (5)申し上げ (6)言うまでもなく・もちろん

(1)
なまめかし 56
優雅だ・優美だ

(2)
はづかしげなり 形動 62’
❶恥ずかしそうだ
❷立派な様子だ

直前の「なまめかし」(前項参照)がほめ言葉なので、❷の意味。「優《すぐ》れている様子だ」の意訳も可。

(3)
いと 141
たいへん・はなはだしい

(4)
をかし 97
❶興味がある・興味深い
❷美しい・かわいい
❸趣《おもむき》深い・風流だ
❹おかしい・滑稽《こっけい》だ

直前の「優雅で立派な様子でいらっしゃるので」を根拠に、ほめ言葉だから❹はダメ。「優雅」さと直結する品性の高さを考えると❸が適訳。また、直後の「うち解けられない遊び相手」を根拠に考えても、高貴な品格を示し、❸の訳になる。

(5)
きこゆ 167
❶聞こえる
❷評判になる }[一般動詞]
❸申し上げる [謙譲語]

だれもみなが源氏を気安く扱えない遊び相手だと思う。客体高位だから謙譲語の❸の用法。また、「思ひ聞え」は補助動詞の用法なので、これによっても❸とわかる。

(6)
さるものにて 162
❶それはそれとして・それはともかく
❷言うまでもなく・もちろん

「ご学問」にさらに加えて「琴・笛の音」もすばらしいのだから、❷の意味。

文法

◀1 **ぬ**……打消の助動詞「ず」の連体形。 P110～112
◀2 **たまへ**……尊敬語(四段活用)の「たまふ」の已然形。 P201～206

V 重要単語

解答
V (1)たいへん (2)慌《あわ》て・心乱れ・困惑し（＊取り乱し） (3)茫《ぼう》然《ぜん》とした（＊正気《しょうき》を失った） (4)様子

(1) **いみじ** 108
❶たいへん
❷たいへん〜
＊❷は「〜」の部分を文脈補足する。

(2) **まどふ** 183
慌《あわ》てる・心乱れる・困惑する

ここは、六条御息所《ろくじょうのみやすんどころ》の生霊に恐怖を感じて、女君（夕顔）がパニックに陥る場面。「取り乱す」の意訳もよい。

(3) **われか** 188
茫《ぼう》然《ぜん》とする

直訳は「茫然とする」。恐怖のあまり自分を見失った状態なので、「正気《しょうき》を失う」の意訳も可。

(4) **けしき** 1
様子

文法

◀1 **む**……助動詞「む」。この場合は適当。「〜（する）のがよい」。

W 重要単語

解答
W (1)どれほど (2)強引に・無理に（＊努めて） (3)様子 (4)たいへん・まったく (5)どうしようもない

(1) **いくばく** 138
どれほど

(2) **せめて** 65
強引に・無理に

娘に先立たれた悲しみで思いが乱れているのを、「無理に」心静めて語るのである。努力して感情をおさえるのだから「努めて」の意訳も可。

(3) **けしき** 1
様子

(4) **いと** 141
たいへん・はなはだしい

次項(5)「わりなし」の訳と続ける場合、直訳「たいへん」はあまり美しくないので、「まったく」と意訳してもよい。

(5) **わりなし** 71
❶筋が通らない・無理だ
❷どうしようもない・しかたがない

娘に先立たれた悲しみを語る親の様子を作者が描写した言葉。❶は文脈に合わないのでダメ。❷の訳。「どうしようもない」ほど悲しげな様子だということ。

文法

◀1 **まじき**……助動詞「まじ」の連体形。この場合は不可能。 P78〜79

◀2 **かな**……詠嘆の終助詞。「〜なあ・〜よ」。

X 重要単語

解答
X (1)こう・このように (2)死んで (3)決めて(＊遺言《ゆいごん》して・言い聞かせて)

(1) **かく** 156
こう・これ・このように

(2) **うす** 84
❶消える・いなくなる
❷死ぬ

「浪の中にまじって」という表現を根拠に、海に身を投げて「死ぬ」という意味。❷の訳。浪の中に入って行方《ゆくえ》をくらますという文脈ではないので、❶はダメ。

(3) **おきつ** 208
決める
＊死の場面は「遺言《ゆいごん》する」の意訳もある。

直訳は「決める」。ここは、自分が死んだあとの身の振り方を娘に話している場面だから、「遺言する・言い聞かせる」の意訳も可。

文法

◀1 **なむ**……確述用法。「な」は「きっと」と訳す。助動詞「む」は、この場合は意志。 第六章 第四・五章

◀2 **なば**……「な」は完了の助動詞「ぬ」の未然形。「未然形＋ば」は仮定で、「もし〜なら」。 P30〜31

◀3 **ね**……完了の助動詞「ぬ」の命令形。 P110〜112

◀4 **なむ**……強意の係助詞。あえて訳す必要はない。 P49・第六章

Y

重要単語

解答

Y (1)しっかりしている（＊賢い・よく当たる） (2)やはり (3)移動し・行き

(1) **さかし** 113

❶しっかりしている
＊何が「しっかりしている」かは文脈判断。
❷利口ぶる

姫君を手放すかどうか苦悩する明石の上が、占ってもらう場面。信頼できる占い師に頼むはずだから、❶の意味。直訳は「しっかりしている」。ここは、判断が「賢い」、占いが「よく当たる」の意訳も可。

(2) **なほ** 44

❶やはり
❷もっと

占い師に尋ねても、人に相談しても、答えは「やはり」同じだということ。❶の意味。

(3) **わたる** 112

移動する
＊具体的な移動の動作は文脈判断する。

オールマイティな訳は「移動する」。ここは、姫君が二条院へ「行く」こと。この文脈訳が適訳。

文法

◀1 **せ**……使役・尊敬の助動詞「す」の連用形。この場合は使役。「〜させる」。

◀2 **べし**……助動詞「べし」の終止形。この場合は推量。

第四章

Z

重要単語

解答

Z (1)こう・このように・こんなに (2)大人らしく

(1) **かく** 156

こう・これ・このように

(2) **おとなし** 23

大人らしい・分別《ふんべつ》がある
大人びている・大人っぽい

「手を折りて数へ」や「御齢」によって、子どもだった人が年齢を重ねて成長した様子を表していると判断する。すでにある程度の年齢に達しているのだから、「大人らしく」なったという訳がよい。

文法

◀1 **せ**……使役・尊敬の助動詞「す」の連用形。この場合は尊敬。

◀2 **なむ**……強意の係助詞。あえて訳す必要はない。

P49・第六章

madonna
kobun

name